일석 3조 비젼! 스페인어 어휘

일석 3조 비젼! 스페인어 어휘

초판 1쇄 인쇄 / 2013년 8월 31일
초판 1쇄 발행 / 2013년 9월 05일

저자 / 조경호
발행인 / 서덕일
발행처 / 도서출판 문예림
출판등록 / 1962년 7월 12일 제 2-110호
주소 / 서울 광진구 군자동 1-13호 문예하우스 101호
전화 / 02-499-1281~2   팩스 / 02-499-1283
http://www.bookmoon.co.kr
Email: book1281@hanmail.net
ISBN  978-89-7482-728-1 (13770)

고급

일석 3조 비젼! 스페인어 어휘

1945

문예림

# ■ 머리말

〈일석 3조 비젼! 스페인어 어휘〉는 스페인어를 처음 시작하는 사람들이나 스페인어를 계속 공부하는 학습들에게 초급부터 중급까지의 어휘를 공부할 수 있는 학습자 입장에서 기획해 만들어진 책입니다.

〈일석 3조 비젼! 스페인어 어휘〉는 총 3부분으로 나뉘어 구성되어 있습니다.

## 01 초급필수 코스

초급 어휘 200개와 문장을 선정하여 소개하며, 관련 문법 또는 어휘이야기를 풀어 기초를 다지게 하는 코스입니다. 스페인어를 처음 시작하거나, 스페인어 시험을 준비하며 초급 부분을 정리하는 학습자를 위한 코스입니다.

## 02 필수어휘 코스

초 · 중급 어휘 1000개(동사 제외)와 문장을 선정하여 소개하며, 동의어 · 반의어를 정리하여 어휘의 폭을 넓혀 가는 기회를 제공하고 있습니다. 스페인어 시험을 준비하고 있는 초 · 중급 학습자를 위한 코스입니다.

## 03 필수동사 코스

필수 동사 300개와 문장을 선정하여 소개하며, 선정한 동사의 동사변화를 한눈에 볼 수 있도록 1인칭단수부터 3인칭복수까지 6개의 동사를 한꺼번에 소개하고 있고, 동사는 주로 사용하는 변화형을 중심으로 직설법 현재, 직설법 부정과거 · 불완료 과거, 직설법 미래, 가능법, 접속법 현재, 접속법 과거를 한 페이

지에 모두 소개함으로써 사전을 찾는 번거로움을 덜어주고 반복연습을 할 수 있게 도와주는 코스입니다.

본서는 3개의 코스 중에 〈03 필수어휘 코스〉입니다.

외국어 공부를 위해 어휘를 암기하는 것은 이유를 달 수 없는 부분일 것입니다. 아무리 철저한 문법을 가지고 있다고 해도 그것을 구성할 재료가 없다면 무용지물일 것입니다. 처음부터 무리한 어휘 리스트를 가지고 공부하기 보다는 쉬운 문장, 쉬운 어휘를 가지고 기초적인 문법 및 구성 능력을 갖춘 다음 본격적인 어휘의 공부를 해야 할 것입니다.

어휘를 그 하나만 암기하면 어디에도 적용되기 힘들 수 있습니다. 그 어휘를 문장을 통해 익히고, 활용하는 훈련을 해야 할 것입니다. 그리고 스페인어의 경우는 영어와 다르게 동사가 많이 변화하는 어려움이 있기 때문에 동사부분은 꼭 별도로 공부시간을 할애해야 합니다.

이 책을 통해 스페인어 학습자 여러분들의 실력이 향상되길 바라며, 학습자 여러분의 고견을 받아 더 알찬 학습서가 되도록 노력하겠습니다.

바쁜 학교생활에도 단어 리스트, 질문, 의견을 내놓는 것에 시간을 할애해 준 한국외대부속 용인외고 6기 이승윤 학생과 8기 박서언, 오다형, 윤은경, 문승민, 문다은 학생에게 지면을 통해 고마움을 전하며, 항상 제2외국어를 위해 애정을 쏟아 주시는 서덕일 사장님과 문예림 출판사에 고마움을 표합니다.

2013. 5월
조경호

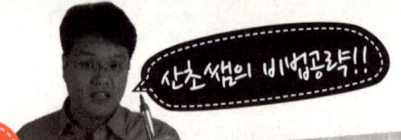

# 필수 동사

**TERCER CURSO**

03

〈약어〉

직현: 직설법 현재 동사 변화형     직과부: 직설법 부정 과거 동사 변화형     현분: 현재분사형

직과불: 직설법 불완료 과거 동사 변화형     직미: 직설법 단순 미래 동사 변화형

직가: 가능형 미래 동사 변화형     접현: 접속법 현재 동사 변화형

접과: 접속법 과거 동사 변화형     과분: 과거분사형

**0001** **Abrazar** 포옹하다, 얼싸안다; 포함하다

| 직현: | abrazo | abrazas | abraza |
|---|---|---|---|
| | abrazamos | abrazáis | abrazan |
| 직과부: | abracé | abrazaste | abrazó |
| | abrazamos | abrazasteis | abrazaron |
| 직과불: | abrazaba | abrazabas | abrazaba |
| | abrazábamos | abrazabais | abrazaban |
| 직미: | abrazaré | abrazarás | abrazará |
| | abrazaremos | abrazaréis | abrazarán |
| 직가: | abrazaría | abrazarías | abrazaría |
| | abrazaríamos | abrazaríais | abrazarían |
| 접현: | abrace | abraces | abrace |
| | abracemos | abracéis | abracen |
| 접과: | abrazara | abrazaras | abrazara |
| | abrazáramos | abrazarais | abrazaran |

과분/현분: abrazado / abrazando

▶ El documento abraza varios temas.

◉ 그 자료는 여러 주제를 담고 있다.

**Abrir** 열다, 펴다

| 직현: | abro | abres | abre |
|---|---|---|---|
| | abrimos | abrís | abren |
| 직과부: | abrí | abriste | abrió |
| | abrimos | abristeis | abrieron |
| 직과불: | abría | abrías | abría |
| | abríamos | abríais | abrían |
| 직미: | abriré | abrirás | abrirá |
| | abriremos | abriréis | abrirán |
| 직가: | abriría | abrirías | abriría |
| | abriríamos | abriríais | abrirían |
| 접현: | abra | abras | abra |
| | abramos | abráis | abran |
| 접과: | abriera | abrieras | abriera |
| | abriéramos | abrierais | abrieran |

과분/현분: abicrto / abriendo

▶ Se abre el museo a las diez.

　◐ 박물관은 열시에 열린다.

## 0003 **Acabar** 끝내다

| 직현: | acabo | acabas | acaba |
| --- | --- | --- | --- |
| | acabamos | acabáis | acaban |
| 직과부: | acabé | acabaste | acabó |
| | acabamos | acabasteis | acabaron |
| 직과불: | acababa | acababas | acababa |
| | acabábamos | acababais | acababan |
| 직미: | acabaré | acabarás | acabará |
| | acabaremos | acabaréis | acabarán |
| 직가: | acabaría | acabarías | acabaría |
| | acabaríamos | acabaríais | acabarían |
| 접현: | acabe | acabes | acabe |
| | acabemos | acabéis | acaben |
| 접과: | acabara | acabaras | acabara |
| | acabáramos | acabarais | acabaran |

과분/현분: acabado / acabando

▶ Su plan de acción acabó mal.

   ◗ 그(녀)의 활동 계획은 안 좋게 끝났다.

## 0004 **Aceptar** 수락하다, 받아들이다

| 직현: | acepto | aceptas | acepta |
| --- | --- | --- | --- |
| | aceptamos | aceptáis | aceptan |
| 직과부: | acepté | aceptaste | aceptó |
| | aceptamos | aceptasteis | aceptaron |
| 직과불: | aceptaba | aceptabas | aceptaba |
| | aceptábamos | aceptabais | aceptaban |
| 직미: | aceptaré | aceptarás | aceptará |
| | aceptaremos | aceptaréis | aceptarán |
| 직가: | aceptaría | aceptarías | aceptaría |
| | aceptaríamos | aceptaríais | aceptarían |
| 접현: | acepte | aceptes | acepte |
| | aceptemos | aceptéis | acepten |
| 접과: | aceptara | aceptaras | aceptara |
| | aceptáramos | aceptarais | aceptaran |

과분/현분: aceptado / aceptando

▶ Aceptó la invitación al congreso.

　◉ 그(녀)는 의회에 가는 초대를 수락했다.

## 0005 **Acercar** 접근하다

| | | |
|---|---|---|
| 직현: | acerco | acercas | acerca |
| | acercamos | acercáis | acercan |
| 직과부: | acerqué | acercaste | acercó |
| | acercamos | acercasteis | acercaron |
| 직과불: | acercaba | acercabas | acercaba |
| | acercábamos | acercabais | acercaban |
| 직미: | acercaré | acercarás | acercará |
| | acercaremos | acercaréis | acercarán |
| 직가: | acercaría | acercarías | acercaría |
| | acercaríamos | acercaríais | acercarían |
| 접현: | acerque | acerques | acerque |
| | acerquemos | acerquéis | acerquen |
| 접과: | acercara | acercaras | acercara |
| | acercáramos | acercarais | acercaran |

과분/현분: acercado / acercando

▶ Ella se acercó a nosotros.

◎ 그녀는 우리에게 접근했었다.

## 0006 **Acertar** 맞추다, 적중시키다

| 직현: | acierto | aciertas | acierta |
| | acertamos | acertáis | aciertan |
| 직과부: | acerté | acertaste | acertó |
| | acertamos | acertasteis | acertaron |
| 직과불: | acertaba | acertabas | acertaba |
| | acertábamos | acertabais | acertaban |
| 직미: | acertaré | acertarás | acertará |
| | acertaremos | acertaréis | acertarán |
| 직가: | acertaría | acertarías | acertaría |
| | acertaríamos | acertaríais | acertarían |
| 접현: | acierte | aciertes | acierte |
| | acertemos | acertéis | acierten |
| 접과: | acertara | acertaras | acertara |
| | acertáramos | acertarais | acertaran |

괴분/헌분: acertado / acertando

▶ Dudo que lo hayan acertado.

◐ 그들이 맞추었을지 의심스럽다.

**0007** **Aclarar** 명확히하다, 설명하다

| 직현: | aclaro | aclaras | aclara |
| | aclaramos | aclaráis | aclaran |
| 직과부: | aclaré | aclaraste | aclaró |
| | aclaramos | aclarasteis | aclararon |
| 직과불: | aclaraba | aclarabas | aclaraba |
| | aclarábamos | aclarabais | aclaraban |
| 직미: | aclararé | aclararás | aclarará |
| | aclararemos | aclararéis | aclararán |
| 직가: | aclararía | aclararías | aclararía |
| | aclararíamos | aclararíais | aclararían |
| 접현: | aclare | aclares | aclare |
| | aclaremos | aclaréis | aclaren |
| 접과: | aclarara | aclararas | aclarara |
| | aclaráramos | aclararais | aclararan |

과분/현분: aclarado / aclarando

▶ Logró aclarar el asunto.

　◎ 그 이슈를 명확히 하는데 성공했다.

## 0008 **Acompañar** 정하다, 의결하다, 맞추다

| 직현: | acompaño | acompañas | acompaña |
|---|---|---|---|
| | acompañamos | acompañáis | acompañan |
| 직과부: | acompañé | acompañaste | acompañó |
| | acompañamos | acompañasteis | acompañaron |
| 직과불: | acompañaba | acompañabas | acompañaba |
| | acompañábamos | acompañabais | acompañaban |
| 직미: | acompañaré | acompañarás | acompañará |
| | acompañaremos | acompañaréis | acompañarán |
| 직가: | acompañaría | acompañarías | acompañaría |
| | acompañaríamos | acompañaríais | acompañarían |
| 접현: | acompañe | acompañes | acompañe |
| | acompañemos | acompañéis | acompañen |
| 접과: | acompañara | acompañaras | acompañara |
| | acompañáramos | acompañarais | acompañaran |

과분/현분:  acompañado / acompañando

▶ Acompañamos al centro comercial.

　◎ 쇼핑몰 까지 우리가 동반했다.

## 0009 **Aconsejar** 조언하다

| 직현: | aconsejo | aconsejas | aconseja |
| --- | --- | --- | --- |
| | aconsejamos | aconsejáis | aconsejan |
| 직과부: | aconsejé | aconsejaste | aconsejó |
| | aconsejamos | aconsejasteis | aconsejaron |
| 직과불: | aconsejaba | aconsejabas | aconsejaba |
| | aconsejábamos | aconsejabais | aconsejaban |
| 직미: | aconsejaré | aconsejarás | aconsejará |
| | aconsejaremos | aconsejaréis | aconsejarán |
| 직가: | aconsejaría | aconsejarías | aconsejaría |
| | aconsejaríamos | aconsejaríais | aconsejarían |
| 접현: | aconseje | aconsejes | aconseje |
| | aconsejemos | aconsejéis | aconsejen |
| 접과: | aconsejara | aconsejaras | aconsejara |
| | aconsejáramos | aconsejarais | aconsejaran |
| 과분/현분: | aconsejado / aconsejando | | |

▶ Te aconsejo que tomes el metro.

◉ 난 네게 지하철을 타라고 조언한다.

## `0010` **Acordar** 동의하다, 조율하다

| 직현: | acuerdo | acuerdas | acuerda |
| | acordamos | acordáis | acuerdan |
| 직과부: | acordé | acordaste | acordó |
| | acordamos | acordasteis | acordaron |
| 직과불: | acordaba | acordabas | acordaba |
| | acordábamos | acordabais | acordaban |
| 직미: | acordaré | acordarás | acordará |
| | acordaremos | acordaréis | acordarán |
| 직가: | acordaría | acordarías | acordaría |
| | acordaríamos | acordaríais | acordarían |
| 접현: | acuerde | acuerdes | acuerde |
| | acordemos | acordéis | acuerden |
| 접과: | acordara | acordaras | acordara |
| | acordáramos | acordarais | acordaran |

과분/현분: acordado / acordando

▶ Nos acordamos de la cita.

◎ 우리는 약속에 동의했다.

## 0011 **Acostar** (침대 등에) 눕히다

| 직현: | acuesto | acuestas | acuesta |
|------|---------|----------|---------|
|      | acostamos | acostáis | acuestan |
| 직과부: | acosté | acostaste | acostó |
|      | acostamos | acostasteis | acostaron |
| 직과불: | acostaba | acostabas | acostaba |
|      | acostábamos | acostabais | acostaban |
| 직미: | acostaré | acostarás | acostará |
|      | acostaremos | acostaréis | acostarán |
| 직가: | acostaría | acostarías | acostaría |
|      | acostaríamos | acostaríais | acostarían |
| 접현: | acueste | acuestes | acueste |
|      | acostemos | acostéis | acuesten |
| 접과: | acostara | acostaras | acostara |
|      | acostáramos | acostarais | acostaran |

과분/현분: acostado / acostando

▶ Se acostaron en el dormitorio de Antonio.

   ◎ 그들은 안토니오의 침실에서 잤었다.

## 0012 **Acostumbrar** 길들이다, 적응시키다

| | | | |
|---|---|---|---|
| 직현: | acostumbro | acostumbras | acostumbra |
| | acostumbramos | acostumbráis | acostumbran |
| 직과부: | acostumbré | acostumbraste | acostumbró |
| | acostumbramos | acostumbrasteis | acostumbraron |
| 직과불: | acostumbraba | acostumbrabas | acostumbraba |
| | acostumbrábamos | acostumbrabais | acostumbraban |
| 직미: | acostumbraré | acostumbrarás | acostumbrará |
| | acostumbraremos | acostumbraréis | acostumbrarán |
| 직가: | acostumbraría | acostumbrarías | acostumbraría |
| | acostumbraríamos | acostumbraríais | acostumbrarían |
| 접현: | acostumbre | acostumbres | acostumbre |
| | acostumbremos | acostumbréis | acostumbren |
| 접과: | acostumbrara | acostumbraras | acostumbrara |
| | acostumbráramos | acostumbrarais | acostumbraran |

과분/현분: acostumbrado / acostumbrando

▶ No se acostumbra al clima.

   ◎ 그(녀)는 기후에 적응하지 못한다.

## 0013 **Actuar** 행동하다, 실행하다

| 직현: | actúo | actúas | actúa |
|---|---|---|---|
| | actuamos | actuáis | actúan |
| 직과부: | actué | actuaste | actuó |
| | actuamos | actuasteis | actuaron |
| 직과불: | actuaba | actuabas | actuaba |
| | actuábamos | actuabais | actuaban |
| 직미: | actuaré | actuarás | actuará |
| | actuaremos | actuaréis | actuarán |
| 직가: | actuaría | actuarías | actuaría |
| | actuaríamos | actuaríais | actuarían |
| 접현: | actúe | actúes | actúe |
| | actuemos | actuéis | actúen |
| 접과: | actuara | actuaras | actuara |
| | actuáramos | actuarais | actuaran |

과분/현분: actuado / actuando

▶ Ese actor inglés actuó muy bien.

　◉ 그 영국 배우는 연기를 매우 잘했다.

**0014** **Acudir** (누구에게)가다, 구출하러 가다

| 직현: | acudo | acudes | acude |
| | acudimos | acudís | acuden |
| 직과부: | acudí | acudiste | acudió |
| | acudimos | acudisteis | acudieron |
| 직과불: | acudía | acudías | acudía |
| | acudíamos | acudíais | acudían |
| 직미: | acudiré | acudirás | acudirá |
| | acudiremos | acudiréis | acudirán |
| 직가: | acudiría | acudirías | acudiría |
| | acudiríamos | acudiríais | acudirían |
| 접현: | acuda | acudas | acuda |
| | acudamos | acudáis | acudan |
| 접과: | acudiera | acudieras | acudiera |
| | acudiéramos | acudierais | acudieran |

과분/현분: acudido / acudiendo

▶ Acudieron mucho en ayuda de las víctimas.

◎ 사람들이 피해자들을 도우러 갔었다.

## `0015` **Adelgazar** 날씬해지다, 가늘게 하다

| | | | |
|---|---|---|---|
| 직현: | adelgazo | adelgazas | adelgaza |
| | adelgazamos | adelgazáis | adelgazan |
| 직과부: | adelgacé | adelgazaste | adelgazó |
| | adelgazamos | adelgazasteis | adelgazaron |
| 직과불: | adelgazaba | adelgazabas | adelgazaba |
| | adelgazábamos | adelgazabais | adelgazaban |
| 직미: | adelgazaré | adelgazarás | adelgazará |
| | adelgazaremos | adelgazaréis | adelgazarán |
| 직가: | adelgazaría | adelgazarías | adelgazaría |
| | adelgazaríamos | adelgazaríais | adelgazarían |
| 접현: | adelgace | adelgaces | adelgace |
| | adelgacemos | adelgacéis | adelgacen |
| 접과: | adelgazara | adelgazaras | adelgazara |
| | adelgazáramos | adelgazarais | adelgazaran |
| 과분/현분: | adelgazado / adelgazando | | |

▶ Adelgacé cinco kilógramos.

　◯ 나는 5킬로그램 날씬해졌다 (살이 5킬로그램 빠졌다).

## 0016 **Adivinar** 추측하다, 짐작하다

| 직현: | adivino | adivinas | adivina |
| --- | --- | --- | --- |
| | adivinamos | adivináis | adivinan |
| 직과부: | adiviné | adivinaste | adivinó |
| | adivinamos | adivinasteis | adivinaron |
| 직과불: | adivinaba | adivinabas | adivinaba |
| | adivinábamos | adivinabais | adivinaban |
| 직미: | adivinaré | adivinarás | adivinará |
| | adivinaremos | adivinaréis | adivinarán |
| 직가: | adivinaría | adivinarías | adivinaría |
| | adivinaríamos | adivinaríais | adivinarían |
| 접현: | adivine | adivines | adivine |
| | adivinemos | adivinéis | adivinen |
| 접과: | adivinara | adivinaras | adivinara |
| | adivináramos | adivinarais | adivinaran |

과분/현분: adivinado / adivinando

▶ Puedo adivinar tu pensamiento.

　◯ 나는 너의 생각을 짐작할 수 있다.

## 0017 **Admirar** 감탄하다, 존경하다

| | | |
|---|---|---|
| 직현: | admiro | admiras | admira |
| | admiramos | admiráis | admiran |
| 직과부: | admiré | admiraste | admiró |
| | admiramos | admirasteis | admiraron |
| 직과불: | admiraba | admirabas | admiraba |
| | admirábamos | admirabais | admiraban |
| 직미: | admiraré | admirarás | admirará |
| | admiraremos | admiraréis | admirarán |
| 직가: | admiraría | admirarías | admiraría |
| | admiraríamos | admiraríais | admirarían |
| 접현: | admire | admires | admire |
| | admiremos | admiréis | admiren |
| 접과: | admirara | admiraras | admirara |
| | admiráramos | admirarais | admiraran |

과분/현분: admirado / admirando

▶ Admiramos su honradez.

   ◎ 우리는 당신의 솔직함을 존경합니다.

## 0018 **Admitir** 인정하다, 허락하다

| 직현: | admito | admites | admite |
| --- | --- | --- | --- |
| | admitimos | admitís | admiten |
| 직과부: | admití | admitiste | admitió |
| | admitimos | admitisteis | admitieron |
| 직과불: | admitía | admitías | admitía |
| | admitíamos | admitíais | admitían |
| 직미: | admitiré | admitirás | admitirá |
| | admitiremos | admitiréis | admitirán |
| 직가: | admitiría | admitirías | admitiría |
| | admitiríamos | admitiríais | admitirían |
| 접현: | admita | admitas | admita |
| | admitamos | admitáis | admitan |
| 접과: | admitiera | admitieras | admitiera |
| | admitiéramos | admitierais | admitieran |

과분/현분: admitido / admitiendo

▶ Admitían solo a los miembros del club.

   ◎ 클럽의 부원들에게만 허락을 했었다.

## 0019 **Adoptar** 채택하다, 양자로 삼다

| 직현: | adopto | adoptas | adopta |
| | adoptamos | adoptáis | adoptan |
| 직과부: | adopté | adoptaste | adoptó |
| | adoptamos | adoptasteis | adoptaron |
| 직과불: | adoptaba | adoptabas | adoptaba |
| | adoptábamos | adoptabais | adoptaban |
| 직미: | adoptaré | adoptarás | adoptará |
| | adoptaremos | adoptaréis | adoptarán |
| 직가: | adoptaría | adoptarías | adoptaría |
| | adoptaríamos | adoptaríais | adoptarían |
| 접현: | adopte | adoptes | adopte |
| | adoptemos | adoptéis | adopten |
| 접과: | adoptara | adoptaras | adoptara |
| | adoptáramos | adoptarais | adoptaran |

과분/현분: adoptado / adoptando

▶ **Adoptaron** a sus hijos. ¿Verdad?

　◐ 그들은 아이들을 입양했었다. 맞지?

## 0020 **Adorar** (종교적) 숭배하다, 매우 존경하다

| 직현: | adoro | adoras | adora |
|---|---|---|---|
| | adoramos | adoráis | adoran |
| 직과부: | adoré | adoraste | adoró |
| | adoramos | adorasteis | adoraron |
| 직과불: | adoraba | adorabas | adoraba |
| | adorábamos | adorabais | adoraban |
| 직미: | adoraré | adorarás | adorará |
| | adoraremos | adoraréis | adorarán |
| 직가: | adoraría | adorarías | adoraría |
| | adoraríamos | adoraríais | adorarían |
| 접현: | adore | adores | adore |
| | adoremos | adoréis | adoren |
| 접과: | adorara | adoraras | adorara |
| | adoráramos | adorarais | adoraran |
| 과분/현분: | adorado / adorando | | |

▶ Adoramos a nuestros padres.

◉ 우리는 우리의 부모님을 존경한다.

## `0021` **Advertir** 경고하다, 인지하다

| 직현: | advierto | adviertes | advierte |
|---|---|---|---|
| | advertimos | advertís | advierten |
| 직과부: | advertí | advertiste | advirtió |
| | advertimos | advertisteis | advirtieron |
| 직과불: | advertía | advertías | advertía |
| | advertíamos | advertíais | advertían |
| 직미: | advertiré | advertirás | advertirá |
| | advertiremos | advertiréis | advertirán |
| 직가: | advertiría | advertirías | advertiría |
| | advertiríamos | advertiríais | advertirían |
| 접현: | advierta | adviertas | advierta |
| | advirtamos | advirtáis | adviertan |
| 접과: | advirtiera | advirtieras | advirtiera |
| | advirtiéramos | advirtierais | advirtieran |

과분/현분: advertido / advirtiendo

▶ Te advierto que es peligroso.

  ◯ 난 너에게 위험하다고 경고 한다.

## 0022 **Agarrar** 꽉 잡다, 붙잡다

| 직현: | agarra | agarras | agarra |
| --- | --- | --- | --- |
| | agarramos | agarráis | agarran |
| 직과부: | agarré | agarraste | agarró |
| | agarramos | agarrasteis | agarraron |
| 직과불: | agarraba | agarrabas | agarraba |
| | agarrábamos | agarrabais | agarraban |
| 직미: | agarraré | agarrarás | agarrará |
| | agarraremos | agarraréis | agarrarán |
| 직가: | agarraría | agarrarías | agarraría |
| | agarraríamos | agarraríais | agarrarían |
| 접현: | agarre | agarres | agarre |
| | agarremos | agarréis | agarren |
| 접과: | agarrara | agarraras | agarrara |
| | agarráramos | agarrarais | agarraran |

과분/현분: agarrado / agarrando

▶ ¡Agarra la sartén!

   ◐ (넌) 프라이팬을 꽉 잡아라!

**0023** **Agitar** 흔들다, 젓다, 휘젓다

| 직현: | agito | agitas | agita |
| --- | --- | --- | --- |
| | agitamos | agitáis | agitan |
| 직과부: | agité | agitaste | agitó |
| | agitamos | agitasteis | agitaron |
| 직과불: | agitaba | agitabas | agitaba |
| | agitábamos | agitabais | agitaban |
| 직미: | agitaré | agitarás | agitará |
| | agitaremos | agitaréis | agitarán |
| 직가: | agitaría | agitarías | agitaría |
| | agitaríamos | agitaríais | agitarían |
| 접현: | agite | agites | agite |
| | agitemos | agitéis | agiten |
| 접과: | agitara | agitaras | agitara |
| | agitáramos | agitarais | agitaran |
| 과분/현분: | agitado / agitando | | |

▶ Luego agita la sopa.

◎ 이후에 수프를 저어라.

**0024** **Agotar** 퍼내 버리다, 탕진하다, 피곤하게 하다

| 직현: | agoto | agotas | agota |
| | agotamos | agotáis | agotan |
| 직과부: | agoté | agotaste | agotó |
| | agotamos | agotasteis | agotaron |
| 직과불: | agotaba | agotabas | agotaba |
| | agotábamos | agotabais | agotaban |
| 직미: | agotaré | agotarás | agotará |
| | agotaremos | agotaréis | agotarán |
| 직가: | agotaría | agotarías | agotaría |
| | agotaríamos | agotaríais | agotarían |
| 접현: | agote | agotes | agote |
| | agotemos | agotéis | agoten |
| 접과: | agotara | agotaras | agotara |
| | agotáramos | agotarais | agotaran |

과분/현분: agotado / agotando

▶ Ya agotamos este tema.

○ 우리는 벌써 이 주제를 써버렸다.

**0025** **Agradar** 좋아하다, 마음에 들다

| 직현: | agrado | agradas | agrada |
|---|---|---|---|
| | agradamos | agradáis | agradan |
| 직과부: | agradé | agradaste | agradó |
| | agradamos | agradasteis | agradaron |
| 직과불: | agradaba | agradabas | agradaba |
| | agradábamos | agradabais | agradaban |
| 직미: | agradaré | agradarás | agradará |
| | agradaremos | agradaréis | agradarán |
| 직가: | agradaría | agradarías | agradaría |
| | agradaríamos | agradaríais | agradarían |
| 접현: | agrade | agrades | agrade |
| | agrademos | agradéis | agraden |
| 접과: | agradara | agradaras | agradara |
| | agradáramos | agradarais | agradaran |
| 과분/현분: | agradado / agradando | | |

▶ Me agrada que me visites personalmente.

◎ 나는 네가 직접 방문해 주는 것이 좋다.

**0026** **Agradecer** 감사하다, 감사를 느끼다

| 직현: | agradezco | agradeces | agradece |
| | agradecemos | agradecéis | agradecen |
| 직과부: | agradecí | agradeciste | agradeció |
| | agradecimos | agradecisteis | agradecieron |
| 직과불: | agradecía | agradecías | agradecía |
| | agradecíamos | agradecíais | agradecían |
| 직미: | agradeceré | agradecerás | agradecerá |
| | agradeceremos | agradeceréis | agradecerán |
| 직가: | agradecería | agradecerías | agradecería |
| | agradeceríamos | agradeceríais | agradecerían |
| 접현: | agradezca | agradezcas | agradezca |
| | agradezcamos | agradezcáis | agradezcan |
| 접과: | agradeciera | agradecieras | agradeciera |
| | agradeciéramos | agradecierais | agradecieran |

과분/현분: agradecido / agradeciendo

▶ Te agradezco la colaboración.

   ◑ (너에게) 공동 작업에 대해 감사한다.

## 0027 **Agregar** 첨가하다, 덧붙이다

| | | | |
|---|---|---|---|
| 직현: | agrego | agregas | agrega |
| | agregamos | agregáis | agregan |
| 직과부: | agregué | agregaste | agregó |
| | agregamos | agregasteis | agregaron |
| 직과불: | agregaba | agregabas | agregaba |
| | agregábamos | agregabais | agregaban |
| 직미: | agregaré | agregarás | agregará |
| | agregaremos | agregaréis | agregarán |
| 직가: | agregaría | agregarías | agregaría |
| | agregaríamos | agregaríais | agregarían |
| 접현: | agregue | agregues | agregue |
| | agreguemos | agreguéis | agreguen |
| 접과: | agregara | agregaras | agregara |
| | agregáramos | agregarais | agregaran |
| 과분/현분: | agregado / agregando | | |

▶ Agregue una explicación.

◐ 설명을 덧붙이세요.

### 0028 **Aguantar** 견디다, 인내하다

| 직현: | aguanto | aguantas | aguanta |
| | aguantamos | aguantáis | aguantan |
| 직과부: | aguanté | aguantaste | aguantó |
| | aguantamos | aguantasteis | aguantaron |
| 직과불: | aguantaba | aguantabas | aguantaba |
| | aguantábamos | aguantabais | aguantaban |
| 직미: | aguantaré | aguantarás | aguantará |
| | aguantaremos | aguantaréis | aguantarán |
| 직가: | aguantaría | aguantarías | aguantaría |
| | aguantaríamos | aguantaríais | aguantarían |
| 접현: | aguante | aguantes | aguante |
| | aguantemos | aguantéis | aguanten |
| 접과: | aguantara | aguantaras | aguantara |
| | aguantáramos | aguantarais | aguantaran |

과분/현분: aguantado / aguantando

▶ No aguanto a esos niños.

　○ 나는 그 아이들을 견딜 수 없다.

## 0029 **Ahorrar** 저축하다, 아끼다

| 직현: | ahorro | ahorras | ahorra |
|---|---|---|---|
| | ahorramos | ahorráis | ahorran |
| 직과부: | ahorré | ahorraste | ahorró |
| | ahorramos | ahorrasteis | ahorraron |
| 직과불: | ahorraba | ahorrabas | ahorraba |
| | ahorrábamos | ahorrabais | ahorraban |
| 직미: | ahorraré | ahorrarás | ahorrará |
| | ahorraremos | ahorraréis | ahorrarán |
| 직가: | ahorraría | ahorrarías | ahorraría |
| | ahorraríamos | ahorraríais | ahorrarían |
| 접현: | ahorre | ahorres | ahorre |
| | ahorremos | ahorréis | ahorren |
| 접과: | ahorrara | ahorraras | ahorrara |
| | ahorráramos | ahorrarais | ahorraran |
| 과분/현분: | ahorrado / ahorrando | | |

▶ No ahorro mucho dinero.

◎ 나는 많은 돈을 저축하지 않는다.

**0030** **Alcanzar** 닿다, 따라잡다

| | | |
|---|---|---|
| 직현: | alcanzo | alcanzas | alcanza |
| | alcanzamos | alcanzáis | alcanzan |
| 직과부: | alcancé | alcanzaste | alcanzó |
| | alcanzamos | alcanzasteis | alcanzaron |
| 직과불: | alcanzaba | alcanzabas | alcanzaba |
| | alcanzábamos | alcanzabais | alcanzaban |
| 직미: | alcanzaré | alcanzarás | alcanzará |
| | alcanzaremos | alcanzaréis | alcanzarán |
| 직가: | alcanzaría | alcanzarías | alcanzaría |
| | alcanzaríamos | alcanzaríais | alcanzarían |
| 접현: | alcance | alcances | alcance |
| | alcancemos | alcancéis | alcancen |
| 접과: | alcanzara | alcanzaras | alcanzara |
| | alcanzáramos | alcanzarais | alcanzaran |

과분/현분: alcanzado / alcanzando

▶ Siempre espero que alcancen sus metas.

    ◑ 나는 항상 그들이 그들의 목표를 달성하길 바란다.

## `0031` **Alegrar** 기쁘게 하다, 즐겁게하다

| 직현: | alegro | alegras | alegra |
|---|---|---|---|
| | alegramos | alegráis | alegran |
| 직과부: | alegré | alegraste | alegró |
| | alegramos | alegrasteis | alegraron |
| 직과불: | alegraba | alegrabas | alegraba |
| | alegrábamos | alegrabais | alegraban |
| 직미: | alegraré | alegrarás | alegrará |
| | alegraremos | alegraréis | alegrarán |
| 직가: | alegraría | alegrarías | alegraría |
| | alegraríamos | alegraríais | alegrarían |
| 접현: | alegre | alegres | alegre |
| | alegremos | alegréis | alegren |
| 접과: | alegrara | alegraras | alegrara |
| | alegráramos | alegrarais | alegraran |

과분/현분: alegrado / alegrando

▶ Me alegro de que estés aquí.

◐ 네가 여기 있는 것이 기쁘다.

## 0032 **Almorzar** 점심을 먹다

| 직현: | almuerzo | almuerzas | almuerza |
|---|---|---|---|
| | almorzamos | almorzáis | almuerzan |
| 직과부: | almorcé | almorzaste | almorzó |
| | almorzamos | almorzasteis | almorzaron |
| 직과불: | almorzaba | almorzabas | almorzaba |
| | almorzábamos | almorzabais | almorzaban |
| 직미: | almorzaré | almorzarás | almorzará |
| | almorzaremos | almorzaréis | almorzarán |
| 직가: | almorzaría | almorzarías | almorzaría |
| | almorzaríamos | almorzaríais | almorzarían |
| 접현: | almuerce | almuerces | almuerce |
| | almorcemos | almorcéis | almuercen |
| 접과: | almorzara | almorzaras | almorzara |
| | almorzáramos | almorzarais | almorzaran |

과분/현분: almorzado / almorzando

▶ ¿A qué hora almorzamos?

   ◎ 우리 몇 시에 점심을 먹을까?

## 0033 **Alquilar** 빌리다, 빌려주다

| 직현: | alquilo | alquilas | alquila |
|---|---|---|---|
| | alquilamos | alquiláis | alquilan |
| 직과부: | alquilé | alquilaste | alquiló |
| | alquilamos | alquilasteis | alquilaron |
| 직과불: | alquilaba | alquilabas | alquilaba |
| | alquilábamos | alquilabais | alquilaban |
| 직미: | alquilaré | alquilarás | alquilará |
| | alquilaremos | alquilaréis | alquilarán |
| 직가: | alquilaría | alquilarías | alquilaría |
| | alquilaríamos | alquilaríais | alquilarían |
| 접현: | alquilaría | alquilarías | alquilaría |
| | alquilaríamos | alquilaríais | alquilarían |
| 접과: | alquilara | alquilaras | alquilara |
| | alquiláramos | alquilarais | alquilaran |
| 과분/현분: | alquilado / alquilando | | |

▶ Se alquila el coche por dos o tres días.

◯ 차를 2~3일 동안 빌린다.

## 0034 **Alzar** 올리다, 높이다

| 직현: | alzo | alzas | alza |
| --- | --- | --- | --- |
| | alzamos | alzáis | alzan |
| 직과부: | alcé | alzaste | alzó |
| | alzamos | alzasteis | alzaron |
| 직과불: | alzaba | alzabas | alzaba |
| | alzábamos | alzabais | alzaban |
| 직미: | alzaré | alzarás | alzará |
| | alzaremos | alzaréis | alzarán |
| 직가: | alzaría | alzarías | alzaría |
| | alzaríamos | alzaríais | alzarían |
| 접현: | alce | alces | alce |
| | alcemos | alcéis | alcen |
| 접과: | alzara | alzaras | alzara |
| | alzáramos | alzarais | alzaran |

과분/현문: alzado / alzando

▶ Alza la voz para que te oigamos.

  ◐ 우리가 네 목소리를 들을 수 있게 목소리를 높여라.

**0035** **Amar** 좋아하다, 사랑하다

| 직현: | amo | amas | ama |
|---|---|---|---|
| | amamos | amáis | aman |
| 직과부: | amé | amaste | amó |
| | amamos | amasteis | amaron |
| 직과불: | amaba | amabas | amaba |
| | amábamos | amabais | amaban |
| 직미: | amaré | amarás | amará |
| | amaremos | amaréis | amarán |
| 직가: | amaría | amarías | amaría |
| | amaríamos | amaríais | amarían |
| 접현: | ame | ames | ame |
| | amemos | améis | amen |
| 접과: | amara | amaras | amara |
| | amáramos | amarais | amaran |
| 과분/현분: | amado / amando | | |

▶ Todavía se aman con la locura.

◎ 그들은 아직도 서로를 미치도록 사랑한다.

## 0036 **Amenazar** 협박하다, 위협하다

| 직현: | amenazo | amenazas | amenaza |
|---|---|---|---|
| | amenazamos | amenazáis | amenazan |
| 직과부: | amenacé | amenazaste | amenazó |
| | amenazamos | amenazasteis | amenazaron |
| 직과불: | amenazaba | amenazabas | amenazaba |
| | amenazábamos | amenazabais | amenazaban |
| 직미: | amenazaré | amenazarás | amenazará |
| | amenazaremos | amenazaréis | amenazarán |
| 직가: | amenazaría | amenazarías | amenazaría |
| | amenazaríamos | amenazaríais | amenazarían |
| 접현: | amenace | amenaces | amenace |
| | amenacemos | amenacéis | amenacen |
| 접과: | amenazara | amenazaras | amenazara |
| | amenazáramos | amenazarais | amenazaran |
| 과분/현분: | amenazado / amenazando | | |

▶ Los amenazó con matarlos.

◐ (그 사람은) 그들을 죽이겠다고 협박했다.

**0037** **Andar** 걷다, 거닐다

| 직현: | ando | andas | anda |
|---|---|---|---|
| | andamos | andáis | andan |
| 직과부: | anduve | anduviste | anduvo |
| | anduvimos | anduvisteis | anduvieron |
| 직과불: | andaba | andabas | andaba |
| | andábamos | andabais | andaban |
| 직미: | andaré | andarás | andará |
| | andaremos | andaréis | andarán |
| 직가: | andaría | andarías | andaría |
| | andaríamos | andaríais | andarían |
| 접현: | ande | andes | ande |
| | andemos | andéis | anden |
| 접과: | anduviera | anduvieras | anduviera |
| | anduviéramos | anduvierais | anduvieran |
| 과분/현분: | andado / andando | | |

▶ Es que andan muy de prisa.

◎ 사실은 그들이 매우 급하게 걷는다.

## `0038` **Anunciar** 알리다, 통보하다

| | | |
|---|---|---|
| 직현: | anuncio | anuncias | anuncia |
| | anunciamos | anunciáis | anuncian |
| 직과부: | anuncié | anunciaste | anunció |
| | anunciamos | anunciasteis | anunciaron |
| 직과불: | anunciaba | anunciabas | anunciaba |
| | anunciábamos | anunciabais | anunciaban |
| 직미: | anunciaré | anunciarás | anunciará |
| | anunciaremos | anunciaréis | anunciarán |
| 직가: | anunciaría | anunciarías | anunciaría |
| | anunciaríamos | anunciaríais | anunciarían |
| 접현: | anuncie | anuncies | anuncie |
| | anunciemos | anunciéis | anuncien |
| 접과: | anunciara | anunciaras | anunciara |
| | anunciáramos | anunciarais | anunciaran |

과분/현분: anunclado / anunciando

▶ Nos anunció que iba a renunciar a su puesto.

  ◉ (그는) 우리에게 그의 직위를 포기할 것이라고 알렸다.

**0039 Añadir** 더하다, 증가시키다, 첨가하다

| 직현: | añado | añades | añade |
|---|---|---|---|
| | añadimos | añadís | añaden |
| 직과부: | añadí | añadiste | añadió |
| | añadimos | añadisteis | añadieron |
| 직과불: | añadía | añadías | añadía |
| | añadíamos | añadíais | añadían |
| 직미: | añadiré | añadirás | añadirá |
| | añadiremos | añadiréis | añadirán |
| 직가: | añadiría | añadirías | añadiría |
| | añadiríamos | añadiríais | añadirían |
| 접현: | añada | añadas | añada |
| | añadamos | añadáis | añadan |
| 접과: | añadiera | añadieras | añadiera |
| | añadiéramos | añadierais | añadieran |

과분/현분: añadido / añadiendo

▶ Añada más sal a la sopa.

◑ 수프에 소금을 더 넣어주세요.

**0040** **Apagar** 끄다, 정지시키다, 진압하다

| 직현: | apago | apagas | apaga |
|---|---|---|---|
| | apagamos | apagáis | apagan |
| 직과부: | apagué | apagaste | apagó |
| | apagamos | apagasteis | apagaron |
| 직과불: | apagaba | apagabas | apagaba |
| | apagábamos | apagabais | apagaban |
| 직미: | apagaré | apagarás | apagará |
| | apagaremos | apagaréis | apagarán |
| 직가: | apagaría | apagarías | apagaría |
| | apagaríamos | apagaríais | apagarían |
| 접현: | apague | apagues | apague |
| | apaguemos | apaguéis | apaguen |
| 접과: | apagara | apagaras | apagara |
| | apagáramos | apagarais | apagaran |

과분/현분: apagado / apagando

▶ Los bomberos apagaron el incendio.

　　◎ 소방관들이 화재를 진압했다.

## 0041 **Aparecer** 나타나다, 발견되다

| 직현: | aparezco | apareces | aparece |
|---|---|---|---|
| | aparecemos | aparecéis | aparecen |
| 직과부: | aparecí | apareciste | apareció |
| | aparecimos | aparecisteis | aparecieron |
| 직과불: | aparecía | aparecías | aparecía |
| | aparecíamos | aparecíais | aparecían |
| 직미: | apareceré | aparecerás | aparecerá |
| | apareceremos | apareceréis | aparecerán |
| 직가: | aparecería | aparecerías | aparecería |
| | apareceríamos | apareceríais | aparecerían |
| 접현: | aparezca | aparezcas | aparezca |
| | aparezcamos | aparezcáis | aparezcan |
| 접과: | apareciera | aparecieras | apareciera |
| | apareciéramos | aparecierais | aparecieran |
| 과분/현분: | aparecido / apareciendo | | |

▶ Solo apareció en escena el actor principal.

  ◎ 단지 주연 배우만이 그 장면에 나왔었다.

## 0042 **Aplazar** 미루다, 실패하다

| 직현: | aplazo | aplazas | aplaza |
| | aplazamos | aplazáis | aplazan |
| 직과부: | aplacé | aplazaste | aplazó |
| | aplazamos | aplazasteis | aplazaron |
| 직과불: | aplazaba | aplazabas | aplazaba |
| | aplazábamos | aplazabais | aplazaban |
| 직미: | aplazaré | aplazarás | aplazará |
| | aplazaremos | aplazaréis | aplazarán |
| 직가: | aplazaría | aplazarías | aplazaría |
| | aplazaríamos | aplazaríais | aplazarían |
| 접현: | aplace | aplaces | aplace |
| | aplacemos | aplacéis | aplacen |
| 접과: | aplazara | aplazaras | aplazara |
| | aplazáramos | aplazarais | aplazaran |
| 과분/현분: | aplazado / aplazando | | |

▶ La reunión será aplazada para el dos de julio.

　◎ 모임은 7월 2일로 미루어졌다.

## `0043` **Aplicar** 붙이다, 바르다, 적용하다

| | | | |
|---|---|---|---|
| 직현: | aplico | aplicas | aplica |
| | aplicamos | aplicáis | aplican |
| 직과부: | apliqué | aplicaste | aplicó |
| | aplicamos | aplicasteis | aplicaron |
| 직과불: | aplicaba | aplicabas | aplicaba |
| | aplicábamos | aplicabais | aplicaban |
| 직미: | aplicaré | aplicarás | aplicará |
| | aplicaremos | aplicaréis | aplicarán |
| 직가: | aplicaría | aplicarías | aplicaría |
| | aplicaríamos | aplicaríais | aplicarían |
| 접현: | aplique | apliques | aplique |
| | apliquemos | apliquéis | apliquen |
| 접과: | aplicara | aplicaras | aplicara |
| | aplicáramos | aplicarais | aplicaran |
| 과분/현분: | aplicado / aplicando | | |

▶ Las leyes se aplican a todos los ciudadanos.

　◎ 법(들)은 모든 시민에게 적용된다.

## 0044 **Aprender** 배우다, 익히다

| 직현: | aprendo | aprendes | aprende |
| | aprendemos | aprendéis | aprenden |
| 직과부: | aprendí | aprendiste | aprendió |
| | aprendimos | aprendisteis | aprendieron |
| 직과불: | aprendía | aprendías | aprendía |
| | aprendíamos | aprendíais | aprendían |
| 직미: | aprenderé | aprenderás | aprenderá |
| | aprenderemos | aprenderéis | aprenderán |
| 직가: | aprendería | aprenderías | aprendería |
| | aprenderíamos | aprenderíais | aprenderían |
| 접현: | aprenda | aprendas | aprenda |
| | aprendamos | aprendáis | aprendan |
| 접과: | aprendiera | aprendieras | aprendiera |
| | aprendiéramos | aprendierais | aprendieran |

과분/현분: aprendido / aprendiendo

▶ Estos días aprendo español.

　◑ 요즘 나는 스페인어를 배운다.

## 0045 **Aprobar** 승인하다, 찬성하다, 합격하다

| 직현: | apruebo | apruebas | aprueba |
|---|---|---|---|
| | aprobamos | aprobáis | aprueban |
| 직과부: | aprobé | aprobaste | aprobó |
| | aprobamos | aprobasteis | aprobaron |
| 직과불: | aprobaba | aprobabas | aprobaba |
| | aprobábamos | aprobabais | aprobaban |
| 직미: | aprobaré | aprobarás | aprobará |
| | aprobaremos | aprobaréis | aprobarán |
| 직가: | aprobaría | aprobarías | aprobaría |
| | aprobaríamos | aprobaríais | aprobarían |
| 접현: | apruebe | apruebes | apruebe |
| | aprobemos | aprobéis | aprueben |
| 접과: | aprobara | aprobaras | aprobara |
| | aprobáramos | aprobarais | aprobaran |

과분/현분: aprobado / aprobando

▶ Sus padres han aprobado ya nuestra boda.

   ◉ 그(녀)의 부모님은 이미 우리의 결혼에 찬성하셨다.

## 0046 **Aprovechar** 사용하다, 이용하다

| 직현: | aprovecho | aprovechas | aprovecha |
| | aprovechamos | aprovecháis | aprovechan |
| 직과부: | aproveché | aprovechaste | aprovechó |
| | aprovechamos | aprovechasteis | aprovecharon |
| 직과불: | aprovechaba | aprovechabas | aprovechaba |
| | aprovechábamos | aprovechabais | aprovechaban |
| 직미: | aprovecharé | aprovecharás | aprovechará |
| | aprovecharemos | aprovecharéis | aprovecharán |
| 직가: | aprovecharía | aprovecharías | aprovecharía |
| | aprovecharíamos | aprovecharíais | aprovecharían |
| 접현: | aproveche | aproveches | aproveche |
| | aprovechemos | aprovechéis | aprovechen |
| 접과: | aprovechara | aprovecharas | aprovechara |
| | aprovecháramos | aprovecharais | aprovecharan |

과분/현분: apreovechado / aprovechando

▶ **Aproveché** la ocasión de darles las gracias.

　❍ 나는 그 기회를 통해 그들에게 고마움을 표현했다.

## 0047 **Arreglar** 고치다, 정리하다

| 직현: | arreglo | arreglas | arregla |
| | arreglamos | arregláis | arreglan |
| 직과부: | arreglaba | arreglabas | arreglaba |
| | arreglábamos | arreglabais | arreglaban |
| 직과불: | arreglé | arreglaste | arregló |
| | arreglamos | arreglasteis | arreglaron |
| 직미: | arreglaré | arreglarás | arreglará |
| | arreglaremos | arreglaréis | arreglarán |
| 직가: | arreglaría | arreglarías | arreglaría |
| | arreglaríamos | arreglaríais | arreglarían |
| 접현: | arregle | arregles | arregle |
| | arreglemos | arregléis | arreglen |
| 접과: | arreglara | arreglaras | arreglara |
| | arregláramos | arreglarais | arreglaran |

과분/현분: arreglado / arreglando

▶ Estoy arreglando mi habitación.

◐ 나는 내 방을 치우고 있다.

## 0048 **Asegurar** 고정시키다, 안심시키다, 보증하다

| 직현: | aseguro | aseguras | asegura |
| --- | --- | --- | --- |
| | aseguramos | aseguráis | aseguran |
| 직과부: | aseguré | aseguraste | aseguró |
| | aseguramos | asegurasteis | aseguraron |
| 직과불: | aseguraba | asegurabas | aseguraba |
| | asegurábamos | asegurabais | aseguraban |
| 직미: | aseguraré | asegurarás | asegurará |
| | aseguraremos | aseguraréis | asegurarán |
| 직가: | aseguraría | asegurarías | aseguraría |
| | aseguraríamos | aseguraríais | asegurarían |
| 접현: | asegure | asegures | asegure |
| | aseguremos | aseguréis | aseguren |
| 접과: | asegurara | aseguraras | asegurara |
| | aseguráramos | asegurarais | aseguraran |

과분/현분: asegurado / asegurando

▶ Te aseguro que son responsables.

　◑ 그들이 책임감이 있다는 것을 네게 보증한다.

## 0049 **Asistir** 모이다, 출석하다, 참가하다

| 직현: | asisto | asistes | asiste |
| --- | --- | --- | --- |
| | asistimos | asistís | asisten |
| 직과부: | asistí | asististe | asistió |
| | asistimos | asististeis | asistieron |
| 직과불: | asistía | asistías | asistía |
| | asistíamos | asistíais | asistían |
| 직미: | asistiré | asistirás | asistirá |
| | asistiremos | asistiréis | asistirán |
| 직가: | asistiría | asistirías | asistiría |
| | asistiríamos | asistiríais | asistirían |
| 접현: | asista | asistas | asista |
| | asistamos | asistáis | asistan |
| 접과: | asistiera | asistieras | asistiera |
| | asistiéramos | asistierais | asistieran |

과분/현분: asistido / asistiendo

▶ Cada día asisten a la conferencia.

◎ 매일 그들은 회의에 참석한다.

0050 **Atacar** 공격하다, 습격하다, 침범하다

| 직현: | ataco | atacas | ataca |
|---|---|---|---|
| | atacamos | atacáis | atacan |
| 직과부: | ataqué | atacaste | atacó |
| | atacamos | atacasteis | atacaron |
| 직과불: | atacaba | atacabas | atacaba |
| | atacábamos | atacabais | atacaban |
| 직미: | atacaré | atacarás | atacará |
| | atacaremos | atacaréia | atacarán |
| 직가: | atacaría | atacarías | atacaría |
| | atacaríamos | atacaríais | atacarían |
| 접현: | ataque | ataques | ataque |
| | ataquemos | ataquéis | ataquen |
| 접과: | atacara | atacaras | atacara |
| | atacáramos | atacarais | atacaran |

과분/현분: atacado / atacando

▶ Los soldados atacaron al ejército enemigo.

　◎ 군인들은 적군을 공격했다.

**0051** **Atender** 기다리다, 대접하다, 돌보다

| 직현: | atiendo | atiendes | atiende |
| --- | --- | --- | --- |
| | atendemos | atendéis | atienden |
| 직과부: | atendí | atendiste | atendió |
| | atendimos | atendisteis | atendieron |
| 직과불: | atendía | atendías | atendía |
| | atendíamos | atendíais | atendían |
| 직미: | atenderé | atenderás | atenderá |
| | atenderemos | atenderéis | atenderán |
| 직가: | atenderé | atenderás | atenderá |
| | atenderemos | atenderéis | atenderán |
| 접현: | atienda | atiendas | atienda |
| | atendamos | atendáis | atiendan |
| 접과: | atendiera | atendieras | atendiera |
| | atendiéramos | atendierais | atendieran |

과분/현분: atendido / atendiendo

▶ Yo atiendo una llamada telefónica.

   ◉ 난 전화를 받는다.

**0052** **Atravesar** 관통하다, 횡단하다, 건너다

| 직현: | atravieso | atraviesas | atraviesa |
| | atravesamos | atravesáis | atraviesan |
| 직과부: | atravesé | atravesaste | atravesó |
| | atravesamos | atravesasteis | atravesaron |
| 직과불: | atravesaba | atravesabas | atravesaba |
| | atravesábamos | atravesabais | atravesaban |
| 직미: | atravesaré | atravesarás | atravesará |
| | atravesaremos | atravesaréis | atravesarán |
| 직가: | atravesaría | atravesarías | atravesaría |
| | atravesaríamos | atravesaríais | atravesarían |
| 접현: | atraviese | atravieses | atraviese |
| | atravesemos | atraveséis | atraviesen |
| 접과: | atravesara | atravesaras | atravesara |
| | atravesáramos | atravesarais | atravesaran |

과분/현분: atravesado / atravesando

▶ Atravesemos la calle en la esquina.

◎ 우리 모퉁이에서 길을 건너자.

## 0053 **Atreverse** 감히...하다, 강행하다

| 직현: | atrevo | atreves | atreve |
|---|---|---|---|
| | atrevemos | atrevéis | atreven |
| 직과부: | atreví | atreviste | atrevió |
| | atrevimos | atrevisteis | atrevieron |
| 직과불: | atrevía | atrevías | atrevía |
| | atrevíamos | atrevíais | atrevían |
| 직미: | atreveré | atreverás | atreverá |
| | atreveremos | atreveréis | atreverán |
| 직가: | atrevería | atreverías | atrevería |
| | atreveríamos | atreveríais | atreverían |
| 접현: | atreva | atrevas | atreva |
| | atrevamos | atreváis | atrevan |
| 접과: | atreviera | atrevieras | atreviera |
| | atreviéramos | atrevierais | atrevieran |

과분/현분: atrevido / atreviéndo

▶ No me atrevo a decírselo a Ud.

　◉ 저는 당신에게 그것을 감히 말하지 않습니다.

**0054** **Aumentar** 늘다, 늘리다, 증가시키다, 증가하다

| 직현: | aumento | aumentas | aumenta |
| | aumentamos | aumentáis | aumentan |
| 직과부: | aumenté | aumentaste | aumentó |
| | aumentamos | aumentasteis | aumentaron |
| 직과불: | aumentaba | aumentabas | aumentaba |
| | aumentábamos | aumentabais | aumentaban |
| 직미: | aumentaré | aumentarás | aumentará |
| | aumentaremos | aumentaréis | aumentarán |
| 직가: | aumentaría | aumentarías | aumentaría |
| | aumentaríamos | aumentaríais | aumentarían |
| 접현: | aumente | aumentes | aumente |
| | aumentemos | aumentéis | aumenten |
| 접과: | aumentara | aumentaras | aumentara |
| | aumentáramos | aumentarais | aumentaran |

과분/현분: aumentado / aumentando

▶ Aumenta la velocidad poco a poco.

◎ 조금씩 속도를 올려라.

## `0055` **Avanzar** 전진시키다, 앞당기다, 예측하다

| | | |
|---|---|---|
| 직현: | avanzo | avanzas | avanza |
| | avanzamos | avanzáis | avanzan |
| 직과부: | avancé | avanzaste | avanzó |
| | avanzamos | avanzasteis | avanzaron |
| 직과불: | avanzaba | avanzabas | avanzaba |
| | avanzábamos | avanzabais | avanzaban |
| 직미: | avanzaré | avanzarás | avanzará |
| | avanzaremos | avanzaréis | avanzarán |
| 직가: | avanzaría | avanzarías | avanzaría |
| | avanzaríamos | avanzaríais | avanzarían |
| 접현: | avance | avances | avance |
| | avancemos | avancéis | avancen |
| 접과: | avanzara | avanzaras | avanzara |
| | avanzáramos | avanzarais | avanzaran |

과분/현분:  avanzado / avanzando

▶ Se avanza muy lentamente en esta cola.

　◉ 이 줄에서는 매우 천천히 앞으로 간다.

## 0056 **Avisar** 알리다, 통지하다, 부르다

| 직현: | aviso | avisas | avisa |
| | avisamos | avisáis | avisan |
| 직과부: | avisé | avisaste | avisó |
| | avisamos | avisasteis | avisaron |
| 직과불: | avisaba | avisabas | avisaba |
| | avisábamos | avisabais | avisaban |
| 직미: | avisaré | avisarás | avisará |
| | avisaremos | avisaréis | avisarán |
| 직가: | avisaría | avisarías | avisaría |
| | avisaríamos | avisaríais | avisarían |
| 접현: | avise | avises | avise |
| | avisemos | aviséis | avisen |
| 접과: | avisara | avisaras | avisara |
| | avisáramos | avisarais | avisaran |

과분/현분: avisado / avisando

▶ Te avviso que no compres nada allí.

   ◎ 나는 거기에서 네가 아무것도 살 수 없다는 것을 알려준다.

**0057** **Ayudar** 돕다, 협력하다

| 직현: | ayudo | ayudas | ayuda |
|---|---|---|---|
| | ayudamos | ayudáis | ayudan |
| 직과부: | ayudé | ayudaste | ayudó |
| | ayudamos | ayudasteis | ayudaron |
| 직과불: | ayudaba | ayudabas | ayudaba |
| | ayudábamos | ayudabais | ayudaban |
| 직미: | ayudaré | ayudarás | ayudará |
| | ayudaremos | ayudaréis | ayudarán |
| 직가: | ayudaría | ayudarías | ayudaría |
| | ayudaríamos | ayudaríais | ayudarían |
| 접현: | ayude | ayudes | ayude |
| | ayudemos | ayudéis | ayuden |
| 접과: | ayudara | ayudaras | ayudara |
| | ayudáramos | ayudarais | ayudaran |

과분/현분: ayudado / ayudando

▶ ¿En qué puedo ayudarle?

◉ 무엇을 도와드릴까요?

## `0058` **Bailar** 춤추다, 헐렁헐렁하다

| 직현: | bailo | bailas | baila |
| --- | --- | --- | --- |
| | bailamos | bailáis | bailan |
| 직과부: | bailé | bailaste | bailó |
| | bailamos | bailasteis | bailaron |
| 직과불: | bailaré | bailarás | bailará |
| | bailaremos | bailaréis | bailarán |
| 직미: | bailaré | bailarás | bailará |
| | bailaremos | bailaréis | bailarán |
| 직가: | bailaría | bailarías | bailaría |
| | bailaríamos | bailaríais | bailarían |
| 접현: | baile | bailes | baile |
| | bailemos | bailéis | bailen |
| 접과: | bailara | bailaras | bailara |
| | bailáramos | bailarais | bailaran |
| 과분/현분: | bailado / bailando | | |

▶ Bailemos la salsa.

◎ 우리 살사를 추자.

**0059** **Bajar** 내리다, 낮추다

| 직현: | bajo | bajas | baja |
| --- | --- | --- | --- |
| | bajamos | bajáis | bajan |
| 직과부: | bajé | bajaste | bajó |
| | bajamos | bajasteis | bajaron |
| 직과불: | bajaba | bajabas | bajaba |
| | bajábamos | bajabais | bajaban |
| 직미: | bajaré | bajarás | bajará |
| | bajaremos | bajaréis | bajarán |
| 직가: | bajaría | bajarías | bajaría |
| | bajaríamos | bajaríais | bajarían |
| 접현: | baje | bajes | baje |
| | bajemos | bajéis | bajen |
| 접과: | bajara | bajaras | bajara |
| | bajáramos | bajarais | bajaran |
| 과분/현분: | bajado / bajando | | |

▶ Bájame esa caja pero ten mucho cuidado.

◎ 그 상자를 내게 내려줘, 하지만 매우 조심해라.

0060 **Bañar** 목욕해주다, 물을 끼얹다  ※ Bañarse 목욕하다, 수영하다

| | | |
|---|---|---|
| 직현: | baño | bañas | baña |
| | bañamos | bañáis | bañan |
| 직과부: | bañé | bañaste | bañó |
| | bañamos | bañasteis | bañaron |
| 직과불: | bañaba | bañabas | bañaba |
| | bañábamos | bañabais | bañaban |
| 직미: | bañaré | bañarás | bañará |
| | bañaremos | bañaréis | bañarán |
| 직가: | bañaría | bañarías | bañaría |
| | bañaríamos | bañaríais | bañarían |
| 접현: | bañe | bañes | bañe |
| | bañemos | bañéis | bañen |
| 접과: | bañara | bañaras | bañara |
| | bañáramos | bañarais | bañaran |

가분/현부:  bañado / bañando

▶ Es un placer bañarse en el mar con tanto calor que hace.

   ◑ 그렇게 더운한 날에는 바다에서 수영하는 것이 즐겁다.

**0061** **Beber** 마시다, 흡수하다

| 직현: | bebo | bebes | bebe |
| | bebemos | bebéis | beben |
| 직과부: | bebí | bebiste | bebió |
| | bebimos | bebisteis | bebieron |
| 직과불: | bebía | bebías | bebía |
| | bebíamos | bebíais | bebían |
| 직미: | beberé | beberás | beberá |
| | beberemos | beberéis | beberán |
| 직가: | bebería | beberías | bebería |
| | beberíamos | beberíais | beberían |
| 접현: | beba | bebas | beba |
| | bebamos | bebáis | beban |
| 접과: | bebiera | bebieras | bebiera |
| | bebiéramos | bebierais | bebieran |
| 과분/현분: | bebido / bebiendo | | |

▶ No bebo vino, pues tengo mal de estómago.

 ◑ 나는 와인을 마시지 않는다. 왜냐하면 나는 속이 좋지 않다.

**0062** **Besar** 입맞추다, 키스하다

| 직현: | beso | besas | besa |
| | besamos | besáis | besan |
| 직과부: | besé | besaste | besó |
| | besamos | besasteis | besaron |
| 직과불: | besaba | babesabas | besaba |
| | besábamos | besabais | besaban |
| 직미: | besaré | besarás | besará |
| | besaremos | besaréis | besarán |
| 직가: | besaría | besarías | besaría |
| | besaríamos | besaríais | besarían |
| 접현: | bese | beses | bese |
| | besemos | beséis | besen |
| 접과: | besara | besaras | besara |
| | besáramos | besarais | besaran |
| 과분/현분: | besado / besando | | |

▶ Se besaban y se abrazaban.

　　◑ 그들은 서로 키스하고 포옹했다.

## 0063 **Borrar** 지우다, 없애다

| 직현: | borro | borras | borra |
|---|---|---|---|
| | borramos | borráis | borran |
| 직과부: | borré | borraste | borró |
| | borramos | borrasteis | borraron |
| 직과불: | borraba | borrabas | borraba |
| | borrábamos | borrabais | borraban |
| 직미: | borraré | borrarás | borrará |
| | borraremos | borraréis | borrarán |
| 직가: | borraría | borrarías | borraría |
| | borraríamos | borraríais | borrarían |
| 접현: | borre | borres | borre |
| | borremos | borréis | borren |
| 접과: | borrara | borraras | borrara |
| | borráramos | borrarais | borraran |

과분/현분: borrado / borrando

▶ Borró los errores.

◉ 실수들을 없앴다.

## 0064 **Brincar** 껑충껑충 뛰다, 도약하다

| 직현: | brinco | brincas | brinca |
|---|---|---|---|
| | brincamos | brincáis | brincan |
| 직과부: | brinqué | brincaste | brincó |
| | brincamos | brincasteis | brincaron |
| 직과불: | brincaba | brincabas | brincaba |
| | brincábamos | brincabais | brincaban |
| 직미: | brincaré | brincarás | brincará |
| | brincaremos | brincaréis | brincarán |
| 직가: | brincaría | brincarías | brincaría |
| | brincaríamos | brincaríais | brincarían |
| 접현: | brinque | brinques | brinque |
| | brinquemos | brinquéis | brinquen |
| 접과: | brincara | brincaras | brincara |
| | brincáramos | brincarais | brincaran |
| 과분/현분: | brincado / brincando | | |

▶ Brincó de alegría al oír la noticia.

   ◐ 그 소식을 들었을 때, 기뻐서 뛰었다.

**0065** **Burlar** 놀리다, 야유하다 ※ burlarse de~ 놀리다

| 직현: | burlo | burlas | burla |
| --- | --- | --- | --- |
| | burlamos | burláis | burlan |
| 직과부: | burlé | burlaste | burló |
| | burlamos | burlasteis | burlaron |
| 직과불: | burlaba | burlabas | burlaba |
| | burlábamos | burlabais | burlaban |
| 직미: | burlaré | burlarás | burlará |
| | burlaremos | burlaréis | burlarán |
| 직가: | burlaría | burlarías | burlaría |
| | burlaríamos | burlaríais | burlarían |
| 접현: | burle | burles | burle |
| | burlemos | burléis | burlen |
| 접과: | burlara | burlaras | burlara |
| | burláramos | burlarais | burlaran |

과분/현분: burlado / burlando

▶ ¿Cómo te burlas de mí?

◐ 어떻게 네가 나를 놀리니?

## 0066 **Buscar** 찾다, 수색하다

| 직현: | busco | buscas | busca |
| --- | --- | --- | --- |
| | buscamos | buscáis | buscan |
| 직과부: | busqué | buscaste | buscó |
| | buscamos | buscasteis | buscaron |
| 직과불: | buscaba | buscabas | buscaba |
| | buscábamos | buscabais | buscaban |
| 직미: | buscaré | buscarás | buscará |
| | buscaremos | buscaréis | buscarán |
| 직가: | buscaría | buscarías | buscaría |
| | buscaríamos | buscaríais | buscarían |
| 접현: | busque | busques | busque |
| | busquemos | busquéis | busquen |
| 접과: | buscara | buscaras | buscara |
| | buscáramos | buscarais | buscaran |
| 과분/혀분: | buscado / buscando | | |

▶ ¿Me estabas buscando para decirme tal disparate?

　　◎ 그러한 짓을 나에게 말해주기 위해 나를 찾고 있었니?

**0067** **Caber** 용량이 있다, 용량을 가지고 있다, 받아들이다

| 직현: | quepo | cabes | cabe |
| --- | --- | --- | --- |
| | cabemos | cabéis | caben |
| 직과부: | cupe | cupiste | cupo |
| | cupimos | cupisteis | cupieron |
| 직과불: | cabía | cabías | cabía |
| | cabíamos | cabíais | cabían |
| 직미: | cabré | cabrás | cabrá |
| | cabremos | cabréis | cabrán |
| 직가: | cabría | cabrías | cabría |
| | cabríamos | cabríais | cabrían |
| 접현: | quepa | quepas | quepa |
| | quepamos | quepáis | quepan |
| 접과: | cupiera | cupieras | cupiera |
| | cupiéramos | cupierais | cupieran |
| 과분/현분: | cabido / cabiendo | | |

▶ Aquí nadie **cabe** más.

◉ 여기에는 아무도 더 들어갈 수 없다.

`0068` **Caer** 낙하하다, 떨어지다, 추락하다

| 직현: | caigo | caes | cae |
| | caemos | caéis | caen |
| 직과부: | caí | caíste | cayó |
| | caímos | caísteis | cayeron |
| 직과불: | caía | caías | caía |
| | caíamos | caíais | caían |
| 직미: | caeré | caerás | caerá |
| | caeremos | caeréis | caerán |
| 직가: | caería | caerías | caería |
| | caeríamos | caeríais | caerían |
| 접현: | caiga | caigas | caiga |
| | caigamos | caigáis | caigan |
| 접과: | cayera | cayeras | cayera |
| | cayéramos | cayerais | cayeran |

과분/현분: caído / cayendo

▶ Él cayó de cabeza al suelo y se desmayó.

○ 그는 바닥에 머리부터 떨어졌고 기절했다.

**0069** **Calcular** 계산하다, 추측하다

| | | |
|---|---|---|
| 직현: | calculo | calculas | calcula |
| | calculamos | calculáis | calculan |
| 직과부: | calculé | calculaste | calculó |
| | calculamos | calculasteis | calcularon |
| 직과불: | calculaba | calculabas | calculaba |
| | calculábamos | calculabais | calculaban |
| 직미: | calcularé | calcularás | calculará |
| | calcularemos | calcularéis | calcularán |
| 직가: | calcularía | calcularías | calcularía |
| | calcularíamos | calcularíais | calcularían |
| 접현: | calcule | calcules | calcule |
| | calculemos | calculéis | calculen |
| 접과: | calculara | calcularas | calculara |
| | calculáramos | calcularais | calcularan |

과분/현분: calculado / calculando

▶ Calculemos los gastos mensuales.

　◉ 우리 월간 소비를 계산하자.

## 0070 **Callar** 침묵을 지키다, 말하지 않다

| 직현: | callo | callas | calla |
|---|---|---|---|
| | callamos | calláis | callan |
| 직과부: | callé | callaste | calló |
| | callamos | callasteis | callaron |
| 직과불: | callaba | callabas | callaba |
| | callábamos | callabais | callaban |
| 직미: | callaré | callarás | callará |
| | callaremos | callaréis | callarán |
| 직가: | callaría | callarías | callaría |
| | callaríamos | callaríais | callarían |
| 접현: | calle | calles | calle |
| | callemos | calléis | callen |
| 접과: | callara | callaras | callara |
| | calláramos | callarais | callaran |
| 과분/현분: | callado / callando | | |

▶ Al entrar en el cuarto se callaron.

   ◯ 방에 들어갈 때 그들은 침묵했다.

**0071** **Calmarse** 가라앉다, 안정되다

| 직현: | calmo | calmas | calma |
| | calmamos | calmáis | calman |
| 직과부: | calmé | calmaste | calmó |
| | calmamos | calmasteis | calmaron |
| 직과불: | calmaba | calmabas | calmaba |
| | calmábamos | calmabais | calmaban |
| 직미: | calmaré | calmarás | calmará |
| | calmaremos | calmaréis | calmarán |
| 직가: | calmaría | calmarías | calmaría |
| | calmaríamos | calmaríais | calmarían |
| 접현: | calme | calmes | calme |
| | calmemos | calméis | calmen |
| 접과: | calmara | calmaras | calmara |
| | calmáramos | calmarais | calmaran |

과분/현분: calmado / calmando

▶ El viento está calmándose.

  ◐ 바람은 잠잠해 지고 있다.

### `0072` **Cambiar** 바꾸다, 교환하다

| 직현: | cambio | cambias | cambia |
|---|---|---|---|
| | cambiamos | cambiáis | cambian |
| 직과부: | cambié | cambiaste | cambió |
| | cambiamos | cambiasteis | cambiaron |
| 직과불: | cambiaba | cambiabas | cambiaba |
| | cambiábamos | cambiabais | cambiaban |
| 직미: | cambiaré | cambiarás | cambiará |
| | cambiaremos | cambiaréis | cambiarán |
| 직가: | cambiaría | cambiarías | cambiaría |
| | cambiaríamos | cambiaríais | cambiarían |
| 접현: | cambie | cambies | cambie |
| | cambiemos | cambiéis | cambien |
| 접과: | cambiara | cambiaras | cambiara |
| | cambiáramos | cambiarais | cambiaran |

과분/현분: cambiado / cambiando

▶ ¿Me puede cambiar este billete en monedas?

  ◎ 저에게 이 지폐를 동전으로 바꿔 줄 수 있습니까?

## 0073 **Caminar** 걷다, 나아가다

| 직현: | camino | caminas | camina |
| | caminamos | camináis | caminan |
| 직과부: | caminé | caminaste | caminó |
| | caminamos | caminasteis | caminaron |
| 직과불: | caminaba | caminabas | caminaba |
| | caminábamos | caminabais | caminaban |
| 직미: | caminaré | caminarás | caminará |
| | caminaremos | caminaréis | caminarán |
| 직가: | caminaría | caminarías | caminaría |
| | caminaríamos | caminaríais | caminarían |
| 접현: | camine | camines | camine |
| | caminemos | caminéis | caminen |
| 접과: | caminara | caminaras | caminara |
| | camináramos | caminarais | caminaran |

과분/현분: caminado / caminando

▶ Caminen más rápido.

◎ (여러분들) 더 빨리 걸으세요.

## 0074 **Cancelar** 최소하다, 무효로하다

| 직현: | cancelo | cancelas | cancela |
| | cancelamos | canceláis | cancelan |
| 직과부: | cancelé | cancelaste | canceló |
| | cancelamos | cancelasteis | cancelaron |
| 직과불: | cancelaba | cancelabas | cancelaba |
| | cancelábamos | cancelabais | cancelaban |
| 직미: | cancelaré | cancelarás | cancelará |
| | cancelaremos | cancelaréis | cancelarán |
| 직가: | cancelaría | cancelarías | cancelaría |
| | cancelaríamos | cancelaríais | cancelarían |
| 접현: | cancele | canceles | cancele |
| | cancelemos | canceléis | cancelen |
| 접과: | cancelara | cancelaras | cancelara |
| | canceláramos | cancelarais | cancelaran |

과분/현분:  cancelado / cancelando

▶ Cancele el contrato de alquiler.

　　◯ 임대 계약을 취소하세요.

## 0075 **Cantar** 노래하다, 지저귀다

| 직현: | canto | cantas | canta |
| | cantamos | cantáis | cantan |
| 직과부: | canté | cantaste | cantó |
| | cantamos | cantasteis | cantaron |
| 직과불: | cantaba | cantabas | cantaba |
| | cantábamos | cantabais | cantaban |
| 직미: | cantaré | cantarás | cantará |
| | cantaremos | cantaréis | cantarán |
| 직가: | cantaría | cantarías | cantaría |
| | cantaríamos | cantaríais | cantarían |
| 접현: | cante | cantes | cante |
| | cantemos | cantéis | canten |
| 접과: | cantara | cantaras | cantara |
| | cantáramos | cantarais | cantaran |

과분/현분:  cantado / cantando

▶ Los chicos cantan en el parque.

◉ 아이들은 공원에서 노래한다.

## 0076 **Carecer** 부족하다. (무엇이) 없다

| 직현: | carezco | careces | carece |
| --- | --- | --- | --- |
| | carecemos | carecéis | carecen |
| 직과부: | carecí | careciste | careció |
| | carecimos | carecisteis | carecieron |
| 직과불: | carecía | carecías | carecía |
| | carecíamos | carecíais | carecían |
| 직미: | careceré | carecerás | carecerá |
| | careceremos | careceréis | carecerán |
| 직가: | carecería | carecerías | carecería |
| | careceríamos | careceríais | carecerían |
| 접현: | carezca | carezcas | carezca |
| | carezcamos | carezcáis | carezcan |
| 접과: | careciera | carecieras | careciera |
| | careciéramos | carecierais | carecieran |
| 과분/현분: | carecido / careciendo | | |

▶ Eso carece de importancia.

　◯ 그것은 중요성이 결여되어있다.

## 0077 **Cargar** (짐을)싣다, 지다, 매다

| 직현: | cargo | cargas | carga |
| --- | --- | --- | --- |
| | cargamos | cargáis | cargan |
| 직과부: | cargué | cargaste | cargó |
| | cargamos | cargasteis | cargaron |
| 직과불: | cargaba | cargabas | cargaba |
| | cargábamos | cargabais | cargaban |
| 직미: | cargaré | cargarás | cargará |
| | cargaremos | cargaréis | cargarán |
| 직갸: | cargaría | cargarías | cargaría |
| | cargaríamos | cargaríais | cargarían |
| 접현: | cargue | cargues | cargue |
| | carguemos | carguéis | carguen |
| 접과: | cargara | cargaras | cargara |
| | cargáramos | cargarais | cargaran |
| 과분/현분: | cargado / cargando | | |

▶ Es urgente que se cargue la batería.

　◎ 배터리 충전이 급하다.

## 0078 **Casar** 결혼시키다

| 직현: | caso | casas | casa |
|---|---|---|---|
| | casamos | casáis | casan |
| 직과부: | casé | casaste | casó |
| | casamos | casasteis | casaron |
| 직과불: | casaba | casabas | casaba |
| | casábamos | casabais | casaban |
| 직미: | casaré | casarás | casará |
| | casaremos | casaréis | casarán |
| 직가: | casaría | casarías | casaría |
| | casaríamos | casaríais | casarían |
| 접현: | case | cases | case |
| | casemos | caséis | casen |
| 접과: | casara | casaras | casara |
| | casáramos | casarais | casaran |
| 과분/현분: | casado / casando | | |

▶ No puedo cerrarme los ojos antes de casarte.

  ◑ 나는 너를 결혼 시키기 전에 눈을 감을 수 없다.

### 0079 **Castigar** 벌주다, 징계하다

| 직현: | castigo | castigas | castiga |
|---|---|---|---|
| | castigamos | castigáis | castigan |
| 직과부: | castigué | castigaste | castigó |
| | castigamos | castigasteis | castigaron |
| 직과불: | castigaba | castigabas | castigaba |
| | castigábamos | castigabais | castigaban |
| 직미: | castigaré | castigarás | castigará |
| | castigaremos | castigaréis | castigarán |
| 직가: | castigaría | castigarías | castigaría |
| | castigaríamos | castigaríais | castigarían |
| 접현: | castigue | castigues | castigue |
| | castiguemos | castiguéis | castiguen |
| 접과: | castigara | castigaras | castigara |
| | castigáramos | castigarais | castigaran |

과분/현분:  castigado / castigando

▶ Lo castigaron con la pena de muerte.

　　◎ 그들은 그에게 사형의 형벌을 내렸다.

## 0080 **Causar** 야기하다, 불러일으키다

| 직현: | causo | causas | causa |
|---|---|---|---|
| | causamos | causáis | causan |
| 직과부: | causé | causaste | causó |
| | causamos | causasteis | causaron |
| 직과불: | causaba | causabas | causaba |
| | causábamos | causabais | causaban |
| 직미: | causaré | causarás | causará |
| | causaremos | causaréis | causarán |
| 직가: | causaría | causarías | causaría |
| | causaríamos | causaríais | causarían |
| 접현: | cause | causes | cause |
| | causemos | causéis | causen |
| 접과: | causara | causaras | causara |
| | causáramos | causarais | causaran |

과분/현분: causado / causando

▶ El descuido causó el accidente.

　　◑ 부주의가 사고를 야기했다.

**0081** **Ceder** 양보하다, 물려주다

| 직현: | cedo | cedes | cede |
|---|---|---|---|
| | cedemos | cedéis | ceden |
| 직과부: | cedí | cediste | cedió |
| | cedimos | cedisteis | cedieron |
| 직과불: | cedía | cedías | cedía |
| | cedíamos | cedíais | cedían |
| 직미: | cederé | cederás | cederá |
| | cederemos | cederéis | cederán |
| 직가: | cedería | cederías | cedería |
| | cederíamos | cederíais | cederían |
| 접현: | ceda | cedas | ceda |
| | cedamos | cedáis | cedan |
| 접과: | cediera | cedieras | cediera |
| | cediéramos | cedierais | cedieran |
| 과분/현분: | cedido / cediendo | | |

▶ Cedan el paso a la policía.

  ◐ (당신들은) 경찰에게 길을 양보하세요.

## 0082 **Celebrar** 축하하다, 기념하다

| 직현: | celebro | celebras | celebra |
| | celebramos | celebráis | celebran |
| 직과부: | celebré | celebraste | celebró |
| | celebramos | celebrasteis | celebraron |
| 직과불: | celebraba | celebrabas | celebraba |
| | celebrábamos | celebrabais | celebraban |
| 직미: | celebraré | celebrarás | celebrará |
| | celebraremos | celebraréis | celebrarán |
| 직가: | celebraría | celebrarías | celebraría |
| | celebraríamos | celebraríais | celebrarían |
| 접현: | celebre | celebres | celebre |
| | celebremos | celebréis | celebren |
| 접과: | celebrara | celebraras | celebrara |
| | celebráramos | celebrarais | celebraran |

과분/현분: celebrado / celebrando

▶ Vamos a celebrar su llegada tomando esta copa.

　　◐ 우리 이 잔의 술을 마시며 그의 도착을 축하하자.

## 0083 **Cenar** 저녁밥을 먹다

| 직현: | ceno | cenas | cena |
|---|---|---|---|
| | cenamos | cenáis | cenan |
| 직과부: | cené | cenaste | cenó |
| | cenamos | cenasteis | cenaron |
| 직과불: | cenaba | cenabas | cenaba |
| | cenábamos | cenabais | cenaban |
| 직미: | cenaré | cenarás | cenará |
| | cenaremos | cenaréis | cenarán |
| 직가: | cenaría | cenarías | cenaría |
| | cenaríamos | cenaríais | cenarían |
| 접현: | cene | cenes | cene |
| | cenemos | cenéis | cenen |
| 접과: | cenara | cenaras | cenara |
| | cenáramos | cenarais | cenaran |
| 과분/현분: | cenado / cenando | | |

▶ Cenamos en el restaurante.

 ◎ 우리는 식당에서 저녁을 먹는다.

## 0084 **Cepillarse** (자신의 무엇에) 솔질하다

| 직현: | cepillo | cepillas | cepilla |
| --- | --- | --- | --- |
| | cepillamos | cepilláis | cepillan |
| 직과부: | cepillé | cepillaste | cepilló |
| | cepillamos | cepillasteis | cepillaron |
| 직과불: | cepillaba | cepillabas | cepillaba |
| | cepillábamos | cepillabais | cepillaban |
| 직미: | cepillaré | cepillarás | cepillará |
| | cepillaremos | cepillaréis | cepillarán |
| 직갸: | cepillaría | cepillarías | cepillaría |
| | cepillaríamos | cepillaríais | cepillarían |
| 접현: | cepille | cepilles | cepille |
| | cepillemos | cepilléis | cepillen |
| 접과: | cepillara | cepillaras | cepillara |
| | cepilláramos | cepillarais | cepillaran |

과분/현분: cepillado / cepillando

▶ Se cepilló los dientes.

　◎ 그(녀)는 이를 닦았다.

## 0085 **Cerrar** 닫다, 잠그다

| 직현: | cierro | cierras | cierra |
|-------|--------|---------|--------|
| | cerramos | cerráis | cierran |
| 직과부: | cerré | cerraste | cerró |
| | cerramos | cerrasteis | cerraron |
| 직과불: | cerraba | cerrabas | cerraba |
| | cerrábamos | cerrabais | cerraban |
| 직미: | cerraré | cerrarás | cerrará |
| | cerraremos | cerraréis | cerrarán |
| 직가: | cerraría | cerrarías | cerraría |
| | cerraríamos | cerraríais | cerrarían |
| 접현: | cierre | cierres | cierre |
| | cerremos | cerréis | cierren |
| 접과: | cerrara | cerraras | cerrara |
| | cerráramos | cerrarais | cerraran |

과분/현분:  cerrado / cerrando

▶ No cierre la ventana, que hace falta aire fresco.

◉ 창문을 닫지 마세요, 왜냐하면 신선한 공기가 필요하기 때문입니다.

## 0086 **Charlar** 담소하다, 이야기하다

| 직현: | charlo | charlas | charla |
| | charlamos | charláis | charlan |
| 직과부: | charlé | charlaste | charló |
| | charlamos | charlasteis | charlaron |
| 직과불: | charlaba | charlabas | charlaba |
| | charlábamos | charlabais | charlaban |
| 직미: | charlaré | charlarás | charlará |
| | charlaremos | charlaréis | charlarán |
| 직가: | charlaría | charlarías | charlaría |
| | charlaríamos | charlaríais | charlarían |
| 접현: | charle | charles | charle |
| | charlemos | charléis | charlen |
| 접과: | charlara | charlaras | charlara |
| | charláramos | charlarais | charlaran |

과분/현분: charlado / charlando

▶ Tomemos un café mientras charlamos.

　　◑ 우리는 담소를 나누면서 커피를 마시자.

## 0087 **Clasificar** 분류하다, 등급으로 나누다

| | | |
|---|---|---|
| **직현:** | clasifico | clasificas | clasifica |
| | clasificamos | clasificáis | clasifican |
| **직과부:** | clasifiqué | clasificaste | clasificó |
| | clasificamos | clasificasteis | clasificaron |
| **직과불:** | clasificaba | clasificabas | clasificaba |
| | clasificábamos | clasificabais | clasificaban |
| **직미:** | clasificaré | clasificarás | clasificará |
| | clasificaremos | clasificaréis | clasificarán |
| **직가:** | clasificaría | clasificarías | clasificaría |
| | clasificaríamos | clasificaríais | clasificarían |
| **접현:** | clasifique | clasifiques | clasifique |
| | clasifiquemos | clasifiquéis | clasifiquen |
| **접과:** | clasificara | clasificaras | clasificara |
| | clasificáramos | clasificarais | clasificaran |

**과분/현분:** clasificado / clasificando

▶ Clasifique estos papeles según la categoría.

◑ 항목에 따라 이 종이들을 분류하세요

## 0088 **Cobrar** 현금으로 받다, 수취하다

| 직현: | cobro | cobras | cobra |
|---|---|---|---|
| | cobramos | cobráis | cobran |
| 직과부: | cobré | cobraste | cobró |
| | cobramos | cobrasteis | cobraron |
| 직과불: | cobraba | cobrabas | cobraba |
| | cobrábamos | cobrabais | cobraban |
| 직미: | cobraré | cobrarás | cobrará |
| | cobraremos | cobraréis | cobrarán |
| 직가: | cobraría | cobrarías | cobraría |
| | cobraríamos | cobraríais | cobrarían |
| 접현: | cobre | cobres | cobre |
| | cobremos | cobréis | cobren |
| 접과: | cobrara | cobraras | cobrara |
| | cobráramos | cobrarais | cobraran |

과분/현분: cobrado / cobrando

▶ Cobre el cheque.

　�‣ 수표를 지불하세요.

## 0089 **Cocinar** 만들다, 요리하다, 조리하다

| 직현: | cocino | cocinas | cocina |
| --- | --- | --- | --- |
| | cocinamos | cocináis | cocinan |
| 직과부: | cociné | cocinaste | cocinó |
| | cocinamos | cocinasteis | cocinaron |
| 직과불: | cocinaba | cocinabas | cocinaba |
| | cocinábamos | cocinabais | cocinaban |
| 직미: | cocinaré | cocinarás | cocinará |
| | cocinaremos | cocinaréis | cocinarán |
| 직가: | cocinaría | cocinarías | cocinaría |
| | cocinaríamos | cocinaríais | cocinarían |
| 접현: | cocine | cocines | cocine |
| | cocinemos | cocinéis | cocinen |
| 접과: | cocinara | cocinaras | cocinara |
| | cocináramos | cocinarais | cocinaran |
| 과분/현분: | cocinado / cocinando | | |

▶ No cocinemos hoy.

  ◐ 우리 오늘은 요리하지 말자.

`0090` **Coger** 잡다, 붙들다, 쥐다, 포착하다

| 직현: | cojo | coges | coge |
|---|---|---|---|
| | cogemos | cogéis | cogen |
| 직과부: | cogí | cogiste | cogió |
| | cogimos | cogisteis | cogieron |
| 직과불: | cogía | cogías | cogía |
| | cogíamos | cogíais | cogían |
| 직미: | cogeré | cogerás | cogerá |
| | cogeremos | cogeréis | cogerán |
| 직가: | cogería | cogerías | cogería |
| | cogeríamos | cogeríais | cogerían |
| 접현: | coja | cojas | coja |
| | cojamos | cojáis | cojan |
| 접과: | cogiera | cogieras | cogiera |
| | cogiéramos | cogierais | cogieran |

과분/현분: cogido / cogiendo

▶ No me cogerás aunque corras mucho.

  ◉ 네가 (비록) 열심히 달린다할지라도 나를 잡을 수 없을 것이다.

## 0091 **Colgar** 매달다, 걸치다, 걸다

| 직현: | cuelgo | cuelgas | cuelga |
|---|---|---|---|
| | colgamos | colgáis | cuelgan |
| 직과부: | colgué | colgaste | colgó |
| | colgamoss | colgasteis | colgaron |
| 직과불: | colgaba | colgabas | colgaba |
| | colgábamos | colgabais | colgaban |
| 직미: | colgaré | colgarás | colgará |
| | colgaremos | colgaréis | colgarán |
| 직가: | colgaría | colgarías | colgaría |
| | colgaríamos | colgaríais | colgarían |
| 접현: | cuelgue | cuelgues | cuelgue |
| | colguemos | colguéis | cuelguen |
| 접과: | colgara | colgaras | colgara |
| | colgáramos | colgarais | colgaran |
| 과분/현분: | colgado / colgando | | |

▶ No me gusta colgar las cosas en mi cuarto.

◎ 나는 나의 방에 물건을 걸어두는게 싫다.

0092 **Colocar** 두다, 놓다, 배치하다

| | | |
|---|---|---|
| 직현: | coloco | colocas | coloca |
| | colocamos | colocáis | colocan |
| 직과부: | coloqué | colocaste | colocó |
| | colocamos | colocasteis | colocaron |
| 직과불: | colocaba | colocabas | colocaba |
| | colocábamos | colocabais | colocaban |
| 직미: | colocaré | colocarás | colocará |
| | colocaremos | colocaréis | colocarán |
| 직가: | colocaría | colocarías | colocaría |
| | colocaríamos | colocaríais | colocarían |
| 접현: | coloque | coloques | coloque |
| | coloquemos | coloquéis | coloquen |
| 접과: | colocara | colocaras | colocara |
| | colocáramos | colocarais | colocaran |

과분/현부: colocado / colocando

▶ Coloque el correo en mi escritorio.

    ◐ 내 책상에 편지를 두세요

**0093** **Comenzar** 시작하다, 착수하다, 개시하다

| 직현: | comienzo | comienzas | comienza |
|---|---|---|---|
| | comenzamos | comenzáis | comienzan |
| 직과부: | comencé | comenzaste | comenzó |
| | comenzamos | comenzasteis | comenzaron |
| 직과불: | comenzaba | comenzabas | comenzaba |
| | comenzábamos | comenzabais | comenzaban |
| 직미: | comenzaré | comenzarás | comenzará |
| | comenzaremos | comenzaréis | comenzarán |
| 직가: | comenzaría | comenzarías | comenzaría |
| | comenzaríamos | comenzaríais | comenzarían |
| 접현: | comience | comiences | comience |
| | comencemos | comencéis | comiencen |
| 접과: | comenzara | comenzaras | comenzara |
| | comenzáramos | comenzarais | comenzaran |
| 과분/현분: | comenzado / comenzando | | |

▶ Todavía no he comenzado la obra.

　◐ 아직도 나는 작품을 시작하지 않았다.

## 0094 **Comer** 먹다

| 직현: | como | comes | come |
| | comemos | coméis | comen |
| 직과부: | comí | comiste | comió |
| | comimos | comisteis | comieron |
| 직과불: | comía | comías | comía |
| | comíamos | comíais | comían |
| 직미: | comeré | comerás | comerá |
| | comeremos | comeréis | comerán |
| 직가: | comería | comerías | comería |
| | comeríamos | comeríais | comerían |
| 접현: | coma | comas | coma |
| | comamos | comáis | coman |
| 접과: | comiera | comieras | comiera |
| | comiéramos | comierais | comieran |

과분/현분: comido / comiendo

▶ Hoy tú comes por cuatro.

　◎ 오늘 너는 엄청나게 먹는다.

## 0095 **Compartir** 나누다, 분배하다

| 직현: | comparto | compartes | comparte |
| | compartimos | compartís | comparten |
| 직과부: | compartí | compartiste | compartió |
| | compartimos | compartisteis | compartieron |
| 직과불: | compartía | compartías | compartía |
| | compartíamos | compartíais | compartían |
| 직미: | compartiré | compartirás | compartirá |
| | compartiremos | compartiréis | compartirán |
| 직가: | compartiría | compartirías | compartiría |
| | compartiríamos | compartiríais | compartirían |
| 접현: | comparta | compartas | comparta |
| | compartamos | compartáis | compartan |
| 접과: | compartiera | compartieras | compartiera |
| | compartiéramos | compartierais | compartieran |

과분/현분: compartido / compartiendo

▶ Los cuatro estudiantes comparten un piso.

◉ 네 명의 학생들은 아파트를 함께 쓴다.

## 0096 **Competir** 경쟁하다 다투다

| 직현: | compito | compites | compite |
| --- | --- | --- | --- |
| | competimos | competís | compiten |
| 직과부: | competía | competías | competía |
| | competíamos | competíais | competían |
| 직과불: | competí | competiste | compitió |
| | competimos | competisteis | compitieron |
| 직미: | competiré | competirás | competirá |
| | competiremos | competiréis | competirán |
| 직가: | competiría | competirías | competiría |
| | competiríamos | competiríais | competirían |
| 접현: | compita | compitas | compita |
| | compitamos | compitáis | compitan |
| 접과: | compitiera | compitieras | compitiera |
| | compitiéramos | compitierais | compitieran |
| 과분/현분: | competido / compitiendo | | |

▶ Los boxeadores compiten para el título.

　　◎ 그 권투 선수들은 타이틀을 위해서 경쟁한다.

## 0097 **Comprar** 사다, 구입하다, 매입하다

| 직현: | compro | compras | compra |
| | compramos | compráis | compran |
| 직과부: | compré | compraste | compró |
| | compramos | comprasteis | compraron |
| 직과불: | compraba | comprabas | compraba |
| | comprábamos | comprabais | compraban |
| 직미: | compraré | comprarás | comprará |
| | compraremos | compraréis | comprarán |
| 직가: | compraría | comprarías | compraría |
| | compraríamos | compraríais | comprarían |
| 접현: | compre | compres | compre |
| | compremos | compréis | compren |
| 접과: | comprara | compraras | comprara |
| | compráramos | comprarais | compraran |
| 과분/현분: | comprado / comprando | | |

▶ Se compra al contado.

 ◉ 현금으로 구입한다.

## 0098 **Comprender** 이해가다, 납득이 가다

| 직현: | comprendo | comprendes | comprende |
| | comprendemos | comprendéis | comprenden |
| 직과부: | comprendí | comprendiste | comprendió |
| | comprendimos | comprendisteis | comprendieron |
| 직과불: | comprendía | comprendías | comprendía |
| | comprendíamos | comprendíais | comprendían |
| 직미: | comprenderé | comprenderás | comprenderá |
| | comprenderemos | comprenderéis | comprenderán |
| 직가: | comprendería | comprenderías | comprendería |
| | comprenderíamos | comprenderíais | comprenderían |
| 접현: | comprenda | comprendas | comprenda |
| | comprendamos | comprendáis | comprendan |
| 접과: | comprendiera | comprendieras | comprendiera |
| | comprendiéramos | comprendierais | comprendieran |

과분/현부: comprendido / comprendiendo

▶ Lo comprendo de sobra por lo tanto te lo permito.

◉ 나는 대충 그것을 이해한다. 그래서 네게 그것을 허용한다.

## 0099 Concluir 끝내다, 끝마치다, ~로 결론짓다

| | | | |
|---|---|---|---|
| 직현: | concluyo | concluyes | concluye |
| | concluimos | concluís | concluyen |
| 직과부: | concluí | concluiste | concluyó |
| | concluimos | concluisteis | concluyeron |
| 직과불: | concluía | concluías | concluía |
| | concluíamos | concluíais | concluían |
| 직미: | concluiré | concluirás | concluirá |
| | concluiremos | concluiréis | concluirán |
| 직가: | concluiría | concluirías | concluiría |
| | concluiríamos | concluiríais | concluirían |
| 접현: | concluya | concluyas | concluya |
| | concluyamos | concluyáis | concluyan |
| 접과: | concluyera | concluyeras | concluyera |
| | concluyéramos | concluyerais | concluyeran |

과분/현분: concluido / concluyendo

▶ ¿Por qué no concluyes la tarea ya?

◉ 왜 넌 그 숙제를 아직 끝내지 않았니?

## 0100 **Condenar** (누구에게, 형을) 선고하다, 유죄판결을 내리다

| 직현: | condeno | condenas | condena |
| --- | --- | --- | --- |
| | condenamos | condenáis | condenan |
| 직과부: | condené | condenaste | condenó |
| | condenamos | condenasteis | condenaron |
| 직과불: | condenaba | condenabas | condenaba |
| | condenábamos | condenabais | condenaban |
| 직미: | condenaré | condenarás | condenará |
| | condenaremos | condenaréis | condenarán |
| 직가: | condenaría | condenarías | condenaría |
| | condenaríamos | condenaríais | condenarían |
| 접현: | condene | condenes | condene |
| | condenemos | condenéis | condenen |
| 접과: | condenara | condenaras | condenara |
| | condenáramos | condenarais | condenaran |

과분/현분: condenado / condenando

▶ Le condenaron a un año de prisión.

◐ 그(녀)에게 1년형 판결이 내려졌다.

## 0101 Conducir 옮기다, 운반하다, 수송하다, 운전하다

| 직현: | conduzco | conduces | conduce |
| | conducimos | conducís | conducen |
| 직과부: | conduje | condujiste | condujo |
| | condujimos | condujisteis | condujeron |
| 직과불: | conducía | conducías | conducía |
| | conducíamos | conducíais | conducían |
| 직미: | conduciré | conducirás | conducirá |
| | conduciremos | conduciréis | conducirán |
| 직가: | conduciría | conducirías | conduciría |
| | conduciríamos | conduciríais | conducirían |
| 접현: | conduzca | conduzcas | conduzca |
| | conduzcamos | conduzcáis | conduzcan |
| 접과: | condujera | condujeras | condujera |
| | condujéramos | condujerais | condejeran |

과분/현분: conducido / conduciendo

▶ Conduzco mi coche yo mismo.

◎ 내 차를 내가 직접 운전한다.

## 0102 **Confesar** (사람이) 고백하다, 인정하다, 자백하다

| 직현: | confieso | confiesas | confiesa |
|---|---|---|---|
| | confesamos | confesáis | confiesan |
| 직과부: | confesé | confesaste | confesó |
| | confesamos | confesasteis | confesaron |
| 직과불: | confesaba | confesabas | confesaba |
| | confesábamos | confesabais | confesaban |
| 직미: | confesaré | confesarás | confesará |
| | confesaremos | confesaréis | confesarán |
| 직가: | confesaría | confesarías | confesaría |
| | confesaríamos | confesaríais | confesarían |
| 접현: | confiese | confieses | confiese |
| | confesemos | confeséis | confiesen |
| 접과: | confesara | confesaras | confesara |
| | confesáramos | confesarais | confesaran |
| 과분/현분: | confesado / confesando | | |

▶ Se confesó culpable.

   ◎ 유죄가 인정되었다.

## 0103 **Conocer** 알다, (만나서, 방문해서)알다

| 직현: | conozco | conoces | conoce |
| | conocemos | conocéis | conocen |
| 직과부: | conocí | conociste | conoció |
| | conocimos | conocisteis | conocieron |
| 직과불: | conocía | conocías | conocía |
| | conocíamos | conocíais | conocían |
| 직미: | conoceré | conocerás | conocerá |
| | conoceremos | conoceréis | conocerán |
| 직가: | conocería | conocerías | conocería |
| | conoceríamos | conoceríais | conocerían |
| 접현: | conozca | conozcas | conozca |
| | conozcamos | conozcáis | conozcan |
| 접과: | conociera | conocieras | conociera |
| | conociéramos | conocierais | conocieran |

과분/현분: conocido / conociendo

▶ No conozco a nadie aquí.

◉ 나는 여기서 아는 사람이 아무도 없다.

## 0104 **Conseguir** 얻다, 획득하다, ~하는 것이 가능하다

| | | | |
|---|---|---|---|
| 직현: | consigo | consigues | consigue |
| | conseguimos | conseguís | consiguen |
| 직과부: | conseguí | conseguiste | consiguió |
| | conseguimos | conseguisteis | consiguieron |
| 직과불: | conseguía | conseguías | conseguía |
| | conseguíamos | conseguíais | conseguían |
| 직미: | conseguiré | conseguirás | conseguirá |
| | conseguiremos | conseguiréis | conseguirán |
| 직가: | conseguiría | conseguirías | conseguiría |
| | conseguiríamos | conseguiríais | conseguirían |
| 접현: | consiga | consigas | consiga |
| | consigamos | consigáis | consigan |
| 접과: | consiguiera | consiguieras | consiguiera |
| | consiguiéramos | consiguierais | consiguieran |

과분/현분: conseguido / consiguiendo

▶ Me es fácil conseguirlo sin embargo no me lo pide ella.

  ◎ 내게 그것을 얻는 것은 쉽다. 하지만 그녀가 나에게 그것을 요구하지 않는다.

## 0105 **Consentir** 용인하다, 허용하다, 동의하다

| | | |
|---|---|---|
| 직현: | consiento | consientes | consiente |
| | consentimos | consentís | consienten |
| 직과부: | consentí | consentiste | consintió |
| | consentimos | consentisteis | consintieron |
| 직과불: | consentía | consentías | consentía |
| | consentíamos | consentíais | consentían |
| 직미: | consentiré | consentirás | consentirá |
| | consentiremos | consentiréis | consentirán |
| 직가: | consentiría | consentirías | consentiría |
| | consentiríamos | consentiríais | consentirían |
| 접현: | consienta | consientas | consienta |
| | consintamos | consintáis | consientan |
| 접과: | consintiera | consintieras | consintiera |
| | consintiéramos | consintierais | consintieran |

과분/현분: consentido / consintiendo

▶ No consiento que te vayas por tanto tiempo.

　◐ 나는 네가 그렇게 오랫동안 간다는 것에 동의하지 않는다.

## 0106 **Construir** 건축하다, 짓다, 건설하다

| | | | |
|---|---|---|---|
| 직현: | construyo | construyes | construye |
| | construimos | construís | construyen |
| 직과부: | construí | construiste | construyó |
| | construimos | construisteis | construyeron |
| 직과불: | construía | construías | construía |
| | construíamos | construíais | construían |
| 직미: | construiré | construirás | construirá |
| | construiremos | construiréis | construirán |
| 직가: | construiría | construirías | construiría |
| | construiríamos | construiríais | construirían |
| 접현: | construya | construyas | construya |
| | construyamos | construyáis | construyan |
| 접과: | construyera | construyeras | construyera |
| | construyéramos | construyerais | construyeran |

과분/현분: construido / construyendo

▶ El gobierno quiere construir un puente aquí.

◉ 정부는 여기에 다리를 짓고 싶어한다.

### 0107 **Contar** 계산하다, 세다, 수에 이르다

| 직현: | cuento | cuentas | cuenta |
|---|---|---|---|
| | contamos | contáis | cuentan |
| 직과부: | conté | contaste | contó |
| | contamos | contasteis | contaron |
| 직과불: | contaba | contabas | contaba |
| | contábamos | contabais | contaban |
| 직미: | contaré | contarás | contará |
| | contaremos | contaréis | contarán |
| 직가: | contaría | contarías | contaría |
| | contaríamos | contaríais | contarían |
| 접현: | cuente | cuentes | cuente |
| | contemos | contéis | cuenten |
| 접과: | contara | contaras | contara |
| | contáramos | contarais | contaran |
| 과분/현분: | contado / contando | | |

▶ Ayúdame a contar esto.

  ◑ 이것을 계산하도록 도와주렴.

## 0108 **Contestar** 답하다, 대답하다, 답장하다

| 직현: | contesto | contestas | contesta |
|---|---|---|---|
| | contestamos | contestáis | contestan |
| 직과부: | contesté | contestaste | contestó |
| | contestamos | contestasteis | contestaron |
| 직과불: | contestaba | contestabas | contestaba |
| | contestábamos | contestabais | contestaban |
| 직미: | contestaré | contestarás | contestará |
| | contestaremos | contestaréis | contestarán |
| 직가: | contestaría | contestarías | contestaría |
| | contestaríamos | contestaríais | contestarían |
| 접현: | conteste | contestes | conteste |
| | contestemos | contestéis | contesten |
| 접과: | contestara | contestaras | contestara |
| | contestáramos | contestarais | contestaran |

과분/현분: contestado / contestando

▶ Te conteste (a) las preguntas inmediatamente.

　◐ 나는 네게 그 질문들에 대해 곧바로 대답한다.

**0109** **Continuar** (시작된 것을) 계속하다, 계속되다

| | | | |
|---|---|---|---|
| 직현: | continúo | continúas | continúa |
| | continuamos | continuáis | continúan |
| 직과부: | continué | continuaste | continuó |
| | continuamos | continuasteis | continuaron |
| 직과불: | continuaba | continuabas | continuaba |
| | continuábamos | continuabais | continuaban |
| 직미: | continuaré | continuarás | continuará |
| | continuaremos | continuaréis | continuarán |
| 직가: | continuaría | continuarías | continuaría |
| | continuaríamos | continuaríais | continuarían |
| 접현: | continúe | continúes | continúe |
| | continuemos | continuéis | continúen |
| 접과: | continuara | continuaras | continuara |
| | continuáramos | continuarais | continuaran |

과분/현분: continuado / continuando

▶ Quiero continuar mi trabajo si me permites.

◉ 네가 나를 허락해 준다면 내 일을 계속 하고 싶다.

## 0110 **Convencer** 납득시키다, 확신시키다, 깨닫게 하다

| 직현: | convenzo | convences | convence |
| | convencemos | convencéis | convencen |
| 직과부: | convencí | convenciste | convenció |
| | convencimos | convencisteis | convencieron |
| 직과불: | convencía | convencías | convencía |
| | convencíamos | convencíais | convencían |
| 직미: | convenceré | convencerás | convencerá |
| | convenceremos | convenceréis | convencerán |
| 직가: | convencería | convencerías | convencería |
| | convenceríamos | convenceríais | convencerían |
| 접현: | convenza | convenzas | convenza |
| | convenzamos | convenzáis | convenzan |
| 접과: | convenciera | convencieras | convenciera |
| | convenciéramos | convencierais | convencieran |

과분/현분: convencido / convenciendo

▶ Trata de convencerles para que nos acompañen.

　◑ 우리와 함께하자고 그들을 설득하려고 해라.

## 0111 **Convenir** ～에 맞다, 적절하다, 어울리다, 동의하다

| 직현: | convengo | convienes | conviene |
| | convenimos | convenís | convienen |
| 직과부: | convine | conviniste | convino |
| | convinimos | convinisteis | convinieron |
| 직과불: | convenía | convenías | convenía |
| | conveníamos | conveníais | convenían |
| 직미: | convendré | convendrás | convendrá |
| | convendremos | convendréis | convendrán |
| 직가: | convendría | convendrías | convendría |
| | convendríamos | convendríais | convendrían |
| 접현: | convenga | convengas | convenga |
| | convengamos | convengáis | convengan |
| 접과: | conviniera | convinieras | conviniera |
| | conviniéramos | convinierais | convinieran |
| 과분/현분: | convenido / conviniendo | | |

▶ Todos convienen en el asunto.

◎ 모두 그 문제에서는 동의합니다.

## 0112 **Corregir** 교정하다, 수정하다, 바로잡다

| 직현: | corrijo | corriges | corrige |
| --- | --- | --- | --- |
| | corregimos | corregís | corrigen |
| 직과부: | corregí | corregiste | corrigió |
| | corregimos | corregisteis | corrigieron |
| 직과불: | corregía | corregías | corregía |
| | corregíamos | corregíais | corregían |
| 직미: | corregiré | corregirás | corregirá |
| | corregiremos | corregiréis | corregirán |
| 직가: | corregiría | corregirías | corregiría |
| | corregiríamos | corregiríais | corregirían |
| 접현: | corrija | corrijas | corrija |
| | corrijamos | corrijáis | corrijan |
| 접과: | corrigiera | corrigieras | corrigiera |
| | corrigiéramos | corrigierais | corrigieran |

과분/현분: corregido / corregiendo

▶ Corrija las faltas en el examen.

　◎ 시험에서 실수를 바로 잡으세요.

**0113** **Correr** 달리다, 뛰다. (무엇을) 빨리 하다, 조급히 굴다

| 직현: | corro | corres | corre |
|---|---|---|---|
| | corremos | corréis | corren |
| 직과부: | corrí | corriste | corrió |
| | corrimos | corristeis | corrieron |
| 직과불: | corría | corrías | corría |
| | corríamos | corríais | corrían |
| 직미: | correré | correrás | correrá |
| | correremos | correréis | correrán |
| 직가: | correría | correrías | correría |
| | correríamos | correríais | correrían |
| 접현: | corra | corras | corra |
| | corramos | corráis | corran |
| 접과: | corriera | corrieras | corriera |
| | corriéramos | corrierais | corrieran |

과분/현분: corrido / corriendo

▶ Ella corre más rápido que tú.

   ◯ 그녀는 너보다 더 빨리 뛴다.

## 0114 **Cortar** (어떤 자르는 도구로) 자르다, 베다

| 직현: | corto | cortas | corta |
| | cortamos | cortáis | cortan |
| 직과부: | corté | cortaste | cortó |
| | cortamos | cortasteis | cortaron |
| 직과불: | cortaba | cortabas | cortaba |
| | cortábamos | cortabais | cortaban |
| 직미: | cortaré | cortarás | cortará |
| | cortaremos | cortaréis | cortarán |
| 직가: | cortaría | cortarías | cortaría |
| | cortaríamos | cortaríais | cortarían |
| 접현: | corte | cortes | corte |
| | cortemos | cortéis | corten |
| 접과: | cortara | cortaras | cortara |
| | cortáramos | cortarais | cortaran |

과분/현분: cortado / cortando

▶ Este cuchillo no corta bien.

　◐ 이 칼은 잘 잘리지 않는다.

### 0115 **Costar** 비용이 들다, 값[비용]이 ～이다

| 직현: | cuesto | cuestas | cuesta |
| | costamos | costáis | cuestan |
| 직과부: | costé | costaste | costó |
| | costamos | costasteis | costaron |
| 직과불: | costaba | costabas | costaba |
| | costábamos | costabais | costaban |
| 직미: | costaré | costarás | costará |
| | costaremos | costaréis | costarán |
| 직가: | costaría | costarías | costaría |
| | costaríamos | costaríais | costarían |
| 접현: | cueste | cuestes | cueste |
| | costemos | costéis | cuesten |
| 접과: | costara | costaras | costara |
| | costáramos | costarais | costaran |

과분/현분: costado / costando

▶ Esta camisa cuesta mucho.

   ◉ 이 셔츠는 너무 비싸다.

`0116` **Crear** 창조하다, 창작하다

| 직현: | creo | creas | crea |
| --- | --- | --- | --- |
| | creamos | creáis | crean |
| 직과부: | creé | creaste | creó |
| | creamos | creasteis | crearon |
| 직과불: | creaba | creabas | creaba |
| | creábamos | creabais | creaban |
| 직미: | crearé | crearás | creará |
| | crearemos | crearéis | crearán |
| 직가: | crearía | crearías | crearía |
| | crearíamos | crearíais | crearían |
| 접현: | cree | crees | cree |
| | creemos | creéis | creen |
| 접과: | creara | crearas | creara |
| | creáramos | crearais | crearan |

과분/현분: creado / creando

▶ Ha creado magníficas obras de arte.

　◐ 아름다운 예술 작품들을 만들어냈다.

### 0117 **Crecer** 성장하다, 발육하다, 자라다, 크다

| 직현: | crezco | creces | crece |
|---|---|---|---|
| | crecemos | crecéis | crecen |
| 직과부: | crecí | creciste | creció |
| | crecimos | crecisteis | crecieron |
| 직과불: | crecía | crecías | crecía |
| | crecíamos | crecíais | crecían |
| 직미: | creceré | crecerás | crecerá |
| | creceremos | creceréis | crecerán |
| 직가: | crecería | crecerías | crecería |
| | creceríamos | creceríais | crecerían |
| 접현: | crezca | crezcas | crezca |
| | crezcamos | crezcáis | crezcan |
| 접과: | creciera | crecieras | creciera |
| | creciéramos | crecierais | crecieran |
| 과분/현분: | crecido / creciendo | | |

▶ Su angustia crecía todos los días.

◎ 그(녀)의 불안은 매일 증가했다.

## 0118 **Creer** 믿다, (무엇이라) 생각하다

| 직현: | creo | crees | cree |
| --- | --- | --- | --- |
| | creemos | creéis | creen |
| 직과부: | creí | creíste | creyó |
| | creímos | creísteis | creyeron |
| 직과불: | creía | creías | creía |
| | creíamos | creíais | creían |
| 직미: | creeré | creerás | creerá |
| | creeremos | creeréis | creerán |
| 직가: | creería | creerías | creería |
| | creeríamos | creeríais | creerían |
| 접현: | crea | creas | crea |
| | creamos | creáis | crean |
| 접과: | creyera | creyeras | creyera |
| | creyéramos | creyerais | creyeran |

과분/현분: creído / creyendo

▶ No creo que haya llegado él.

　○ 나는 그가 도착했다고 생각하지 않는다.

**0119** **Cruzar** (십자형으로) 교차시키다, (팔이나 다리 등을) 포개다

| 직현: | cruzo | cruzas | cruza |
| | cruzamos | cruzáis | cruzan |
| 직과부: | crucé | cruzaste | cruzó |
| | cruzamos | cruzasteis | cruzaron |
| 직과불: | cruzaba | cruzabas | cruzaba |
| | cruzábamos | cruzabais | cruzaban |
| 직미: | cruzaré | cruzarás | cruzará |
| | cruzaremos | cruzaréis | cruzarán |
| 직갸: | cruzaría | cruzarías | cruzaría |
| | cruzaríamos | cruzaríais | cruzarían |
| 접현: | cruce | cruces | cruce |
| | crucemos | crucéis | crucen |
| 접과: | cruzara | cruzaras | cruzara |
| | cruzáramos | cruzarais | cruzaran |

과분/현분: cruzado / cruzando

▶ **Crucen** la calle con cuidado.

◎ 여러분 길을 조심성있게 걸으세요.

0120 **Cubrir** 덮다, 씌우다, 가리다

| | | | |
|---|---|---|---|
| 직현: | cubro | cubres | cubre |
| | cubrimos | cubrís | cubren |
| 직과부: | cubrí | cubriste | cubrió |
| | cubrimos | cubristeis | cubrieron |
| 직과불: | cubría | cubrías | cubría |
| | cubríamos | cubríais | cubrían |
| 직미: | cubriré | cubrirás | cubrirá |
| | cubriremos | cubriréis | cubrirán |
| 직가: | cubriría | cubrirías | cubriría |
| | cubriríamos | cubriríais | cubrirían |
| 접현: | cubra | cubras | cubra |
| | cubramos | cubráis | cubran |
| 접과: | cubriera | cubrieras | cubriera |
| | cubriéramos | cubrierais | cubrieran |

과분/현분: cubierto / cubriendo

▶ Cubrió la mesa con un mantel.

　◎ 그 식탁을 식탁보로 덮었다.

**0121** **Cuidar** (무엇에) 신경을 쓰다, (무엇, 누구를) 보살피다, 돌보다,

| 직현: | cuido | cuidas | cuida |
| | cuidamos | cuidáis | cuidan |
| 직과부: | cuidé | cuidaste | cuidó |
| | cuidamos | cuidasteis | cuidaron |
| 직과불: | cuidaba | cuidabas | cuidaba |
| | cuidábamos | cuidabais | cuidaban |
| 직미: | cuidaré | cuidarás | cuidará |
| | cuidaremos | cuidaréis | cuidarán |
| 직가: | cuidaría | cuidarías | cuidaría |
| | cuidaríamos | cuidaríais | cuidarían |
| 접현: | cuide | cuides | cuide |
| | cuidemos | cuidéis | cuiden |
| 접과: | cuidara | cuidaras | cuidara |
| | cuidáramos | cuidarais | cuidaran |
| 과분/현분: | cuidado / cuidando | | |

▶ Cuida bien a los chicos.

◐ (그는) 아이들을 잘 돌본다.

## 0122 **Cultivar** 갈다, 경작하다, 개척하다

| 직현: | cultivo | cultivas | cultiva |
|---|---|---|---|
| | cultivamos | cultiváis | cultivan |
| 직과부: | cultivé | cultivaste | cultivó |
| | cultivamos | cultivasteis | cultivaron |
| 직과불: | cultivaba | cultivabas | cultivaba |
| | cultivábamos | cultivabais | cultivaban |
| 직미: | cultivaré | cultivarás | cultivará |
| | cultivaremos | cultivaréis | cultivarán |
| 직가: | cultivaría | cultivarías | cultivaría |
| | cultivaríamos | cultivaríais | cultivarían |
| 접현: | cultive | cultives | cultive |
| | cultivemos | cultivéis | cultiven |
| 접과: | cultivara | cultivaras | cultivara |
| | cultiváramos | cultivarais | cultivaran |

과분/현분: cultivado / cultivando

▶ ¿Cultivas la amistad con ellos?

  ◎ 너는 그들과 우정을 쌓니?

0123 **Cumplir** 완수하다, 수행하다, 실행하다,

| 직현: | cumplo | cumples | cumple |
| --- | --- | --- | --- |
| | cumplimos | cumplís | cumplen |
| 직과부: | cumplí | cumpliste | cumplió |
| | cumplimos | cumplisteis | cumplieron |
| 직과불: | cumplía | cumplías | cumplía |
| | cumplíamos | cumplíais | cumplían |
| 직미: | cumpliré | cumplirás | cumplirá |
| | cumpliremos | cumpliréis | cumplirán |
| 직가: | cumpliría | cumplirías | cumpliría |
| | cumpliríamos | cumpliríais | cumplirían |
| 접현: | cumpla | cumplas | cumpla |
| | cumplamos | cumpláis | cumplan |
| 접과: | cumpliera | cumplieras | cumpliera |
| | cumpliéramos | cumplierais | cumplieran |

과분/현분: cumplido / cumpliendo

▶ Voy a cumplir mi palabra.

◐ 나는 약속을 지킬 것이다.

**0124** **Dar** (누구에게 무엇을) 주다, 기부하다, (수도나 전기 등을) 공급하다

| 직현: | doy | das | da |
|---|---|---|---|
| | damos | dais | dan |
| 직과부: | di | diste | dio |
| | dimos | disteis | dieron |
| 직과불: | daba | dabas | daba |
| | dábamos | dabais | daban |
| 직미: | daré | darás | dará |
| | daremos | daréis | darán |
| 직가: | daría | darías | daría |
| | daríamos | daríais | darían |
| 접현: | dé | des | dé |
| | demos | deis | den |
| 접과: | diera | dieras | diera |
| | diéramos | dierais | dieran |

과분/현분: dado / dando

▶ No te doy más dinero.

　�‍◌ 나는 너에게 더 많은 돈을 주지 않는다.

0125 **Deber** ~해야 한다; 빚지다

| 직현: | debo | debes | debe |
|---|---|---|---|
| | debemos | debéis | deben |
| 직과부: | debí | debiste | debió |
| | debimos | debisteis | debieron |
| 직과불: | debía | debías | debía |
| | debíamos | debíais | debían |
| 직미: | deberé | deberás | deberá |
| | deberemos | deberéis | deberán |
| 직가: | debería | deberías | debería |
| | deberíamos | deberíais | deberían |
| 접현: | deba | debas | deba |
| | debamos | debáis | deban |
| 접과: | debiera | debieras | debiera |
| | debiéramos | debierais | debieran |

과분/현분: debido / debiendo

▶ Tú me debes diez mil wones.

◎ 넌 나에게 만원을 빚졌다.

`0126` **Decidir** 결정하다, 정하다, 결심하다

| 직현: | decido | decides | decide |
| | decidimos | decidís | deciden |
| 직과부: | decidí | decidiste | decidió |
| | decidimos | decidisteis | decidieron |
| 직과불: | decidía | decidías | decidía |
| | decidíamos | decidíais | decidía |
| 직미: | decidiré | decidirás | decidirá |
| | decidiremos | decidiréis | decidirán |
| 직가: | decidiría | decidirías | decidiría |
| | decidiríamos | decidiríais | decidirían |
| 접현: | decida | decidas | decida |
| | decidamos | decidáis | decidan |
| 접과: | decidiera | decidieras | decidiera |
| | decidiéramos | decidierais | decidieran |
| 과분/현분: | decidido / decidiendo | | |

▶ He decidido casarme.

　　● 나는 결혼하기로 결정했다.

| 0127 | **Decir** 말하다, 기술하다, 언명하다 |
|------|--------|

| 직현: | digo | dices | dice |
|-------|------|-------|------|
|  | decimos | decís | dicen |
| 직과부: | dije | dijiste | dijo |
|  | dijimos | dijisteis | dijeron |
| 직과불: | decía | decías | decía |
|  | decíamos | decíais | decían |
| 직미: | diré | dirás | dirá |
|  | diremos | diréis | dirán |
| 직가: | diría | dirías | diría |
|  | diríamos | diríais | dirían |
| 접현: | diga | digas | diga |
|  | digamos | digáis | digan |
| 접과: | dijera | dijeras | dijera |
|  | dijéramos | dijerais | dijeran |
| 과분/현분: | dicho / diciendo | | |

▶ Lo que dice ella es verdad.

　◎ 그녀가 말하는 것은 진짜다.

**0128** **Declarar** (공식적으로) 선언하다, (감정이나 의지 등을) 표명하다;

| 직현: | declaro | declaras | declara |
| | declaramos | declaráis | declaran |
| 직과부: | declaré | declaraste | declaró |
| | declaramos | declarasteis | declararon |
| 직과불: | declaraba | declarabas | declaraba |
| | declarábamos | declarabais | declaraban |
| 직미: | declararé | declararás | declarará |
| | declararemos | declararéis | declararán |
| 직가: | declararía | declararías | declararía |
| | declararíamos | declararíais | declararían |
| 접현: | declare | declares | declare |
| | declaremos | declaréis | declaren |
| 접과: | declarara | declararas | declarara |
| | declaráramos | declararais | declararan |
| 과분/현분: | declarado / declarando | | |

▶ Japón declaró la guerra contra el mundo entero.

◉ 일본은 전 세계를 상대로 전쟁을 선포했다.

## 0129 **Dedicar** (누구에게) 바치다, 드리다, 올리다, 봉납하다

| 직현: | dedico | dedicas | dedica |
|---|---|---|---|
| | dedicamos | dedicáis | dedican |
| 직과부: | dediqué | dedicaste | dedicó |
| | dedicamos | dedicasteis | dedicaron |
| 직과불: | dedicaba | dedicabas | dedicaba |
| | dedicábamos | dedicabais | dedicaban |
| 직미: | dedicaré | dedicarás | dedicará |
| | dedicaremos | dedicaréis | dedicarán |
| 직가: | dedicaría | dedicarías | dedicaría |
| | dedicaríamos | dedicaríais | dedicarían |
| 접현: | dedique | dediques | dedique |
| | dediquemos | dediquéis | dediquen |
| 접과: | dedicara | dedicaras | dedicara |
| | dedicáramos | dedicarais | dedicaran |
| 과분/현분: | dedicado / dedicando | | |

▶ Se dedicará a pintar.

　◎ 그(녀)는 그림에 전념을 할 것이다.

`0130` **Defender** (무엇에서) 지키다, 보호하다, 방위하다

| | | |
|---|---|---|
| 직현: | defiendo | defiendes | defiende |
| | defendemos | defendéis | defienden |
| 직과부: | defendí | defendiste | defendió |
| | defendimos | defendisteis | defendieron |
| 직과불: | defendía | defendías | defendía |
| | defendíamos | defendíais | defendían |
| 직미: | defenderé | defenderás | defenderá |
| | defenderemos | defenderéis | defenderán |
| 직가: | defendería | defenderías | defendería |
| | defenderíamos | defenderíais | defenderían |
| 접현: | defienda | defiendas | defienda |
| | defendamos | defendáis | defiendan |
| 접과: | defendiera | defendieras | defendiera |
| | defendiéramos | defendierais | defendieran |

과분/현분: defendido / defendiendo

▶ Los soldados defienden la patria.

　◑ 군인들은 조국을 보호한다.

## 0131 **Dejar** 놓다, 놓아두다; 남기다, 남겨두다

| 직현: | dejo | dejas | deja |
|---|---|---|---|
| | dejamos | dejáis | dejan |
| 직과부: | dejé | dejaste | dejó |
| | dejamos | dejasteis | dejaron |
| 직과불: | dejaba | dejabas | dejaba |
| | dejábamos | dejabais | dejaban |
| 직미: | dejaré | dejarás | dejará |
| | dejaremos | dejaréis | dejarán |
| 직가: | dejaría | dejarías | dejaría |
| | dejaríamos | dejaríais | dejarían |
| 접현: | deje | dejes | deje |
| | dejemos | dejéis | dejen |
| 접과: | dejara | dejaras | dejara |
| | dejáramos | dejarais | dejaran |

과분/현분: dejado / dejando

▶ Dejé el libro en ese sitio tal como me dijiste.

◐ 난 네가 말한대로 책을 그 장소에 놓았다.

## 0132 **Depender** 의존하다, 속하다, 기대다

| 직현: | dependo | dependes | depende |
| | dependemos | dependéis | dependen |
| 직과부: | dependí | dependiste | dependió |
| | dependimos | dependisteis | dependieron |
| 직과불: | dependía | dependías | dependía |
| | dependíamos | dependíais | dependían |
| 직미: | dependeré | dependerás | dependerá |
| | dependeremos | dependeréis | dependerán |
| 직가: | dependería | dependerías | dependería |
| | dependeríamos | dependeríais | dependerían |
| 접현: | dependa | dependas | dependa |
| | dependamos | dependáis | dependan |
| 접과: | dependiera | dependieras | dependiera |
| | dependiéramos | dependierais | dependieran |
| 과분/현분: | dependido / dependiendo |

▶ Tu éxito depende de tu voluntad.

  ◎ 너의 성공은 너의 의지에 달려있다.

## `0133` **Desaparecer** 보이지 않게 하다, 숨기다, 감추다

| | | |
|---|---|---|
| 직현: | desaparezco | desapareces | desaparece |
| | desaparecemos | desaparecéis | desaparecen |
| 직과부: | desaparecí | desapareciste | desapareció |
| | desaparecimos | desaparecisteis | desaparecieron |
| 직과불: | desaparecía | desaparecías | desaparecía |
| | desaparecíamos | desaparecíais | desaparecían |
| 직미: | desapareceré | desaparecerás | desaparecerá |
| | desapareceremos | desapareceréis | desaparecerán |
| 직가: | desaparecería | desaparecerías | desaparecería |
| | desapareceríamos | desapareceríais | desaparecerían |
| 접현: | desaparezca | desaparezcas | desaparezca |
| | desaparezcamos | desaparezcáis | desaparezcan |
| 접과: | desapareciera | desaparecieras | desapareciera |
| | desapareciéramos | desaparecierais | desaparecieran |

과분/현분: desaparecido / desapareciendo

▶ **Desaparecieron** sin dejar rastro.

　◌ 그들은 흔적도 없이 사라졌다.

0134 **Desarrollar** 발달시키다, 발전시키다, 발육시키다, 성장시키다

| 직현: | desarrollo | desarrollas | desarrolla |
| | desarrollamos | desarrolláis | desarrollan |
| 직과부: | desarrollé | desarrollaste | desarrolló |
| | desarrollamos | desarrollasteis | desarrollaron |
| 직과불: | desarrollaba | desarrollabas | desarrollaba |
| | desarrollábamos | desarrollabais | desarrollaban |
| 직미: | desarrollaré | desarrollarás | desarrollará |
| | desarrollaremos | desarrollaréis | desarrollarán |
| 직가: | desarrollaría | desarrollarías | desarrollaría |
| | desarrollaríamos | desarrollaríais | desarrollarían |
| 접현: | desarrolle | desarrolles | desarrolle |
| | desarrollemos | desarrolléis | desarrollen |
| 접과: | desarrollara | desarrollaras | desarrollara |
| | desarrolláramos | desarrollarais | desarrollaran |

과분/현분: desarrollado / desarrollando

▶ Ese proyecto no lo desarrollamos como debido.

◑ 우리는 예정대로 그 프로젝트를 개발하지 않는다.

## 0135 **Desayunar** 아침밥을 먹다

| 직현: | desayuno | desayunas | desayuna |
| | desayunamos | desayunáis | desayunan |
| 직과부: | desayuné | desayunaste | desayunó |
| | desayunamos | desayunasteis | desayunaron |
| 직과불: | desayunaba | desayunabas | desayunaba |
| | desayunábamos | desayunabais | desayunaban |
| 직미: | desayunaré | desayunarás | desayunará |
| | desayunaremos | desayunaréis | desayunarán |
| 직가: | desayunaría | desayunarías | desayunaría |
| | desayunaríamos | desayunaríais | desayunarían |
| 접현: | desayune | desayunes | desayune |
| | desayunemos | desayunéis | desayunen |
| 접과: | desayunara | desayunaras | desayunara |
| | desayunáramos | desayunarais | desayunaran |

과분/현분: desayunado / desayunando

▶ ¿ Desayunas conmigo?

　◐ 나랑 아침 먹을래?

`0136` **Descansar** (일을) 쉬게 하다, 쉬다, 휴식을 취하다.

| | | |
|---|---|---|
| 직현: | descanso | descansas | descansa |
| | descansamos | descansáis | descansan |
| 직과부: | descansé | descansaste | descansó |
| | descansamos | descansasteis | descansaron |
| 직과불: | descansaba | descansabas | descansaba |
| | descansábamos | descansabais | descansaban |
| 직미: | descansaré | descansarás | descansará |
| | descansaremos | descansaréis | descansarán |
| 직가: | descansaría | descansarías | descansaría |
| | descansaríamos | descansaríais | descansarían |
| 접현: | descanse | descanses | descanse |
| | descansemos | descanséis | descansen |
| 접과: | descansara | descansaras | descansara |
| | descansáramos | descansarais | descansaran |

과분/현분: descansado / descansando

▶ Descansa antes de volver a trabajar.

 ◑ 일을 다시 시작하기 전에 쉬어라.

## 0137 **Descubrir** 밝혀 내다, 명백히 하다, (덮여진 것을) 벗기다

| 직현: | descubro | descubres | descubre |
|---|---|---|---|
| | descubrimos | descubrís | descubren |
| 직과부: | descubrí | descubriste | descubrió |
| | descubrimos | descubristeis | descubrieron |
| 직과불: | descubría | descubrías | descubría |
| | descubríamos | descubríais | descubrían |
| 직미: | descubriré | descubrirás | descubrirá |
| | descubriremos | descubriréis | descubrirán |
| 직가: | descubriría | descubrirías | descubriría |
| | descubriríamos | descubriríais | descubrirían |
| 접현: | descubra | descubras | descubra |
| | descubramos | descubráis | descubran |
| 접과: | descubriera | descubrieras | descubriera |
| | descubriéramos | descubrierais | descubrieran |

과분/현분: descubierto / decubriendo

▶ Se descubrió la verdad.

◎ 진실이 밝혀졌다.

## 0138 **Desear** 원하다, 바라다, 소망하다

| 직현: | deseo | deseas | desea |
| --- | --- | --- | --- |
| | deseamos | deseáis | desean |
| 직과부: | deseé | deseaste | deseó |
| | deseamos | deseasteis | desearon |
| 직과불: | deseaba | deseabas | deseaba |
| | deseábamos | deseabais | deseaban |
| 직미: | desearé | desearás | deseará |
| | desearemos | desearéis | desearán |
| 직가: | desearía | desearías | desearía |
| | desearíamos | desearíais | desearían |
| 접현: | desee | desees | desee |
| | deseemos | deseéis | deseen |
| 접과: | deseara | desearas | deseara |
| | deseáramos | desearais | desearan |

과분/현분:  deseado / deseando

▶ Ella desea comunicarse con Ud. urgentemente.

　◎ 그녀는 긴급하게 당신과 연락하고 싶어한다.

**0139** **Despedir** 배웅하다, 송별하다, 작별하다, 이별하다, 헤어지다,

| 직현: | despido | despides | despide |
|---|---|---|---|
| | despedimos | despedís | despiden |
| 직과부: | despedí | despediste | despidió |
| | despedimos | despedisteis | despidieron |
| 직과불: | despedía | despedías | despedía |
| | despedíamos | despedíais | despedían |
| 직미: | despediré | despedirás | despedirá |
| | despediremos | despediréis | despedirán |
| 직가: | despediría | despedirías | despediría |
| | despediríamos | despediríais | despedirían |
| 접현: | despida | despidas | despida |
| | despidamos | despidáis | despidan |
| 접과: | despidiera | despidieras | despidiera |
| | despidiéramos | despidierais | despidieran |

과분/현분: despedido / despidiendo

▶ Esa flor despide un mal olor, por lo que la he quitado de aquí.

◎ 그 꽃에서 나쁜 냄새가 나기 때문에 나는 그것을 여기에서 치웠다.

0140 **Despegar** (무엇에서) 벗기다, 떼어내다, 뜯어내다; 이륙하다

| | | |
|---|---|---|
| 직현: | despego | despegas | despega |
| | despegamos | despegáis | despegan |
| 직과부: | despegué | despegaste | despegó |
| | despegamos | despegasteis | despegaron |
| 직과불: | despegaba | despegabas | despegaba |
| | despegábamos | despegabais | despebagan |
| 직미: | despegaré | despegarás | despegará |
| | despegaremos | despegaréis | despegarán |
| 직가: | despegaría | despegarías | despegaría |
| | despegaríamos | despegaríais | despegarían |
| 접현: | despegue | despegues | despegue |
| | despeguemos | despeguéis | despeguen |
| 접과: | despegara | despegaras | despegara |
| | despegáramos | despegarais | despegaran |

과분/현분: despegado / despegando

▶ ¿Despega el avión pronto?

◎ 그 비행기가 곧 이륙하니?

**0141** **Despertar** 깨우다, 잠을 깨우다, (잊혀진 것을) 생각나게 하다

| 직현: | despierto | despiertas | despierta |
| | despertamos | despertáis | despiertan |
| 직과부: | desperté | despertaste | despertó |
| | despertamos | despertasteis | despertaron |
| 직과불: | despertaba | despertabas | despertaba |
| | despertábamos | despertabais | despertaban |
| 직미: | despertaré | despertarás | despertará |
| | despertaremos | despertaréis | despertarán |
| 직가: | despertaría | despertarías | despertaría |
| | despertaríamos | despertaríais | despertarían |
| 접현: | despierte | despiertes | despierte |
| | despertemos | despertéis | despierten |
| 접과: | despertara | despertaras | despertara |
| | despertáramos | despertarais | despertaran |

과분/현분: despertado / despertando

▶ Despiértame a las ocho en punto sin falta.

◎ 나를 8시 정각에 반드시 깨워줘.

**0142** **Destruir** 파괴하다, 부수다. (비물질적인 것을) 부수다

| | | |
|---|---|---|
| 직현: | destruyo | destruyes | destruye |
| | destruimos | destruís | destruyen |
| 직과부: | destruí | destruiste | destruyó |
| | destruimos | destruisteis | destruyeron |
| 직과불: | destruía | destruías | destruía |
| | destruíamos | destruíais | destruían |
| 직미: | destruiré | destruirás | destruirá |
| | destruiremos | destruiréis | destruirán |
| 직가: | destruiría | destruirías | destruiría |
| | destruiríamos | destruiríais | destruirían |
| 접현: | destruya | destruyas | destruya |
| | destruyamos | destruyáis | destruyan |
| 접과: | destruyera | destruyeras | destruyera |
| | destruyéramos | destruyerais | destruyeran |

과분/현분: destruido / destruyendo

▶ ¿Quién destruyó la casa?

　◎ 누가 그 집을 파괴했니?

**0143** **Detener** 멈추다, 세우다, 정지시키다, 저지하다, 막다, 체포하다

| | | | |
|---|---|---|---|
| 직현: | detengo | detienes | detiene |
| | detenemos | detenéis | detienen |
| 직과부: | detuve | detuviste | detuvo |
| | detuvimos | detuvisteis | detuvieron |
| 직과불: | detenía | detenías | detenía |
| | deteníamos | deteníais | detenían |
| 직미: | detendré | detendrás | detendrá |
| | detendremos | detendréis | detendrán |
| 직가: | detendría | detendrías | detendría |
| | detendríamos | detendríais | detendrían |
| 접현: | detenga | detengas | detenga |
| | detengamos | detengáis | detengan |
| 접과: | detuviera | detuvieras | detuviera |
| | detuviéramos | detuvierais | detuvieran |

과분/현분: detenido / deteniendo

▶ El policía detuvo al ratero.

◉ 그 경찰이 그 소매치기범을 체포했다.

## 0144 **Devolver** (무엇을 원상태로) 되돌리다, 돌려 주다

| 직현: | devuelvo | devuelves | devuelve |
| --- | --- | --- | --- |
| | devolvemos | devolvéis | devuelven |
| 직과부: | devolví | devolviste | devolvió |
| | devolvimos | devolvisteis | devolvieron |
| 직과불: | devolvía | devolvías | devolvía |
| | devolvíamos | devolvíais | devolvían |
| 직미: | devolveré | devolverás | devolverá |
| | devolveremos | devolveréis | devolverán |
| 직가: | devolvería | devolverías | devolvería |
| | devolveríamos | devolveríais | devolverían |
| 접현: | devuelva | devuelvas | devuelva |
| | devolvamos | devolváis | devuelvan |
| 접과: | devolviera | devolvieras | devolviera |
| | devolviéramos | devolvierais | devolvieran |
| 과분/현분: | devuelto / devolviendo | | |

▶ ¿Le devolviste el dinero?

　◐ 너는 그(녀)에게 돈을 돌려주었니?

## 0145 **Dibujar** (선으로) 그리다, 스케치하다, 밑그림[초벌 그림]을 그리다

| 직현: | dibujo | dibujas | dibuja |
| | dibujamos | dibujáis | dibujan |
| 직과부: | dibujé | dibujaste | dibujó |
| | dibujamos | dibujasteis | dibujaron |
| 직과불: | dibujaba | dibujabas | dibujaba |
| | dibujábamos | dibujabais | dibujaban |
| 직미: | dibujaré | dibujarás | dibujará |
| | dibujaremos | dibujaréis | dibujarán |
| 직가: | dibujaría | dibujarías | dibujaría |
| | dibujaríamos | dibujaríais | dibujarían |
| 접현: | dibuje | dibujes | dibuje |
| | dibujemos | dibujéis | dibujen |
| 접과: | dibujara | dibujaras | dibujara |
| | dibujáramos | dibujarais | dibujaran |
| 과분/현분: | dibujado / dibujando | | |

▶ Dibuja con lápiz.

　◯ 연필로 그려라.

**0146** **Dirigir** 지도하다, 지휘하다, 경영하다, 운영하다, 관리하다

| 직현: | dirijo | diriges | dirige |
|---|---|---|---|
| | dirigimos | dirigís | dirigen |
| 직과부: | dirigí | dirigiste | dirigió |
| | dirigimos | dirigisteis | dirigieron |
| 직과불: | dirigía | dirigías | dirigía |
| | dirigíamos | dirigíais | dirigían |
| 직미: | dirigiré | dirigirás | dirigirá |
| | dirigiremos | dirigiréis | dirigirán |
| 직가: | dirigiría | dirigirías | dirigiría |
| | dirigiríamos | dirigiríais | dirigirían |
| 접현: | dirija | dirijas | dirija |
| | dirijamos | dirijáis | dirijan |
| 접과: | dirigiera | dirigieras | dirigiera |
| | dirigiéramos | dirigierais | dirigieran |

과분/현분: dirigido / dirigiendo

▶ Él dirige su empresa como un dictador.

   ◎ 그는 그의 회사를 독재자처럼 경영한다.

## 0147 **Disfrutar** 향유하다, (무엇을) 즐기다

| 직현: | disfruto | disfrutas | disfruta |
|---|---|---|---|
| | disfrutamos | disfrutáis | disfrutan |
| 직과부: | disfruté | disfrutaste | disfrutó |
| | disfrutamos | disfrutasteis | disfrutaron |
| 직과불: | disfrutaba | disfrutabas | disfrutaba |
| | disfrutábamos | disfrutabais | disfrutaban |
| 직미: | disfrutaré | disfrutarás | disfrutará |
| | disfrutaremos | disfrutaréis | disfrutarán |
| 직가: | disfrutaría | disfrutarías | disfrutaría |
| | disfrutaríamos | disfrutaríais | disfrutarían |
| 접현: | disfrute | disfrutes | disfrute |
| | disfrutemos | disfrutéis | disfruten |
| 접과: | disfrutara | disfrutaras | disfrutara |
| | disfrutáramos | disfrutarais | disfrutaran |

과분/현분: disfrutado / disfrutando

▶ Disfrutan de un bienestar.

◉ 그들은 편안함을 즐긴다.

0148 **Distinguir** 구별하다, 특징 짓다, 분간하다, 식별하다

| 직현: | distingo | distingues | distingue |
|---|---|---|---|
| | distinguimos | distinguís | distinguen |
| 직과부: | distinguí | distinguiste | distinguió |
| | distinguimos | distinguisteis | distinguieron |
| 직과불: | distinguía | distinguías | distinguía |
| | distinguíamos | distinguíais | distinguían |
| 직미: | distinguiré | distinguirás | distinguirá |
| | distinguiremos | distinguiréis | distinguirán |
| 직가: | distinguiría | distinguirías | distinguiría |
| | distinguiríamos | distinguiríais | distinguirían |
| 접현: | distinga | distingas | distinga |
| | distingamos | distingáis | distingan |
| 접과: | distinguiera | distinguieras | distinguiera |
| | distinguiéramos | distinguierais | distinguieran |

과분/현분: distinguido / distinguiendo

▶ No se distingue nada por la niebla.

　◐ 안개때문에 아무것도 구별할 수 없다.

## `0149` **Divertir** 즐겁게 하다, 주의를 다른 곳으로 돌리다

| | | | |
|---|---|---|---|
| 직현: | divierto | diviertes | divierte |
| | divertimos | divertís | divierten |
| 직과부: | divertí | divertiste | divirtió |
| | divertimos | divertisteis | divirtieron |
| 직과불: | divertía | divertías | divertía |
| | divertíamos | divertíais | divertían |
| 직미: | divertiré | divertirás | divertirá |
| | divertiremos | divertiréis | divertirán |
| 직가: | divertía | divertías | divertía |
| | divertíamos | divertíais | divertían |
| 접현: | divierta | diviertas | divierta |
| | diviertamos | diviertáis | diviertan |
| 접과: | divirtiera | divirtieras | divirtiera |
| | divirtiéramos | divirtierais | divirtieran |
| 과분/현분: | divertido / divertiendo | | |

▶ A veces baila ella sola. Lo que me divierte mucho.

   ◎ 가끔 그녀가 혼자 춤을 추고, 그것은 나를 즐겁게 한다.

0150 **Dividir** 나누다, 분류하다

| | | |
|---|---|---|
| 직현: | divido | divides | divide |
| | dividimos | dividís | dividen |
| 직과부: | dividí | dividiste | dividió |
| | dividimos | dividisteis | dividieron |
| 직과불: | dividía | dividías | dividía |
| | dividíamos | dividíais | dividían |
| 직미: | dividiré | dividirás | dividirá |
| | dividiremos | dividiréis | dividirán |
| 직가: | dividiría | dividirías | dividiría |
| | dividiríamos | dividiríais | dividirían |
| 접현: | divida | dividas | divida |
| | dividamos | dividáis | dividan |
| 접과: | dividiera | dividieras | dividiera |
| | dividiéramos | dividierais | dividieran |

과분/현분: dividido / dividiendo

▶ Divede la pizza en ocho pedazos.

　　◎ 피자를 여덟 조각으로 나누어라.

**0151** **Divorciar** 이혼하게 하다, 갈라놓다, 분리하다

| | | |
|---|---|---|
| 직현: | divorcio | divorcias | divorcia |
| | divorciamos | divorciáis | divorcian |
| 직과부: | divorcié | divorciaste | divorció |
| | divorciamos | divorciasteis | divorciaron |
| 직과불: | divorciaba | divorciabas | divorciaba |
| | divorciábamos | divorciabais | divorciaban |
| 직미: | divorciaré | divorciarás | divorciará |
| | divorciaremos | divorciaréis | divorciarán |
| 직가: | divorciaría | divorciarías | divorciaría |
| | divorciaríamos | divorciaríais | divorciarían |
| 접현: | divorcie | divorcies | divorcie |
| | divorciemos | divorciéis | divorcien |
| 접과: | divorciara | divorciaras | divorciara |
| | divorciáramos | divorciarais | divorciaran |

과분/현분:  divorciado / divorciando

▶ Se divorciaron el año pasado.

◉ 그들은 작년에 이혼했다.

**0152** **Doblar** 두 배로 늘리다, 접다, (길모퉁이를) 돌다, (영화를) 더빙하다

| | | | |
|---|---|---|---|
| 직현: | doblo | doblas | dobla |
| | doblamos | dobláis | doblan |
| 직과부: | doblé | doblaste | dobló |
| | doblamos | doblasteis | doblaron |
| 직과불: | doblaba | doblabas | doblaba |
| | doblábamos | doblabais | doblaban |
| 직미: | doblaré | doblarás | doblará |
| | doblaremos | doblaréis | doblarán |
| 직가: | doblaría | doblarías | doblaría |
| | doblaríamos | doblaríais | doblarían |
| 접현: | doble | dobles | doble |
| | doblemos | dobléis | doblen |
| 접과: | doblara | doblaras | doblara |
| | dobláramos | doblarais | doblaran |
| 과분/현분: | doblado / doblando | | |

▶ **Doble** el papel en cuatro.

◉ 종이를 사등분하여 접어주세요.

## 0153 **Doler** 아프다, 아프게 하다

| 직현: | duelo | dueles | duele |
|---|---|---|---|
| | dolemos | doléis | duelen |
| 직과부: | dolía | dolías | dolía |
| | dolíamos | dolíais | dolían |
| 직과불: | dolí | doliste | dolió |
| | dolimos | dolisteis | dolieron |
| 직미: | doleré | dolerás | dolerá |
| | doleremos | doleréis | dolerán |
| 직가: | dolería | dolerías | dolería |
| | doleríamos | doleríais | dolerían |
| 접현: | duela | duelas | duela |
| | dolamos | doláis | duelan |
| 접과: | doliera | dolieras | doliera |
| | doliéramos | dolierais | dolieran |
| 과분/현분: | dolido / doliendo | | |

▶ Como no comprendo eso ya me duele la cabeza.

　◐ 저것을 이해하지 못하기 때문에 나는 이제 머리가 아프다.

0154 **Dormir** 자다, 가라앉다 (+ sobre) ～에 대해 천천히 생각하다.

| 직현: | duermo | duermes | duerme |
| | dormimos | dormís | duermen |
| 직과부: | dormí | dormiste | durmió |
| | dormimos | dormisteis | durmieron |
| 직과불: | dormía | dormías | dormía |
| | dormíamos | dormíais | dormían |
| 직미: | dormiré | dormirás | dormirá |
| | dormiremos | dormiréis | dormirán |
| 직가: | dormiría | dormirías | dormiría |
| | dormiríamos | dormiríais | dormirían |
| 접현: | duerma | duermas | duerma |
| | dormamos | dormáis | duerman |
| 접과: | durmiera | durmieras | durmiera |
| | durmiéramos | durmierais | durmieran |
| 과분/현분: | dormido / durmiendo | | |

▶ ¿Por qué no duerme al niño que tiene tanto sueño?

◉ 왜 그렇게 졸린 아이를 재우지 않습니까?

**0155** **Duchar** 샤워시키다 ※ ducharse 샤워하다

| 직현: | ducho | duchas | ducha |
| --- | --- | --- | --- |
| | duchamos | ducháis | duchan |
| 직과부: | duché | duchaste | duchó |
| | duchamos | duchasteis | ducharon |
| 직과불: | duchaba | duchabas | duchaba |
| | duchábamos | duchabais | duchaban |
| 직미: | ducharé | ducharás | duchará |
| | ducharemos | ducharéis | ducharán |
| 직가: | ducharía | ducharías | ducharía |
| | ducharíamos | ducharíais | ducharían |
| 접현: | duche | duches | duche |
| | duchemos | duchéis | duchen |
| 접과: | duchara | ducharas | duchara |
| | ducháramos | ducharais | ducharan |
| 과분/현분: | duchado / duchando | | |

▶ ¿Te duchas con agua fría?

　◐ 너는 샤워를 찬 물로 하니?

**0156** **Dudar** 의심하다, 확신이 없다, 주저하다

| 직현: | dudo | dudas | duda |
| --- | --- | --- | --- |
| | dudamos | dudáis | dudan |
| 직과부: | dudé | dudaste | dudó |
| | dudamos | dudasteis | dudaron |
| 직과불: | dudaba | dudabas | dudaba |
| | dudábamos | dudabais | dudaban |
| 직미: | dudaré | dudarás | dudará |
| | dudaremos | dudaréis | dudarán |
| 직가: | dudaría | dudarías | dudaría |
| | dudaríamos | dudaríais | dudarían |
| 접현: | dude | dudes | dude |
| | dudemos | dudéis | duden |
| 접과: | dudara | dudaras | dudara |
| | dudáramos | dudarais | dudaran |
| 과분/현분: | dudado / dudando | | |

▶ Ella duda que me vaya a México el mes que viene.

　● 그녀는 내가 다음 달에 멕시코에 가는 지를 의심한다.

**0157** **Durar** 계속하다, 오래가다, 견디다

| 직현: | duro | duras | dura |
| --- | --- | --- | --- |
| | duramos | duráis | duran |
| 직과부: | duré | duraste | duró |
| | duramos | durasteis | duraron |
| 직과불: | duraba | durabas | duraba |
| | durábamos | durabais | duraban |
| 직미: | duraré | durarás | durará |
| | duraremos | duraréis | durarán |
| 직가: | duraría | durarías | duraría |
| | duraríamos | duraríais | durarían |
| 접현: | dure | dures | dure |
| | duremos | duréis | duren |
| 접과: | durara | duraras | durara |
| | duráramos | durarais | duraran |
| 과분/현분: | durado / durando | | |

▶ La Guerra Mundial duró cuatro años.

◎ 세계 대전은 4년간 지속되었다.

## 0158 **Echar** 뒤쫓아가다, 버리다, 내쫓다, (내기를) 걸다

| 직현: | echo | echas | echa |
| | echamos | echáis | echan |
| 직과부: | eché | echaste | echó |
| | echamos | echasteis | echaron |
| 직과불: | echaba | echabas | echaba |
| | echábamos | echabais | echaban |
| 직미: | echaré | echarás | echará |
| | echaremos | echaréis | echarán |
| 직가: | echaría | echarías | echaría |
| | echaríamos | echaríais | echarían |
| 접현: | eche | eches | eche |
| | echemos | echéis | echen |
| 접과: | echara | echaras | echara |
| | echáramos | echarais | echaran |
| 과분/현분: | echado / echando | | |

▶ Me han echado a la calle.

　◎ (그들은) 나를 거리로 내쫓았다.

## 0159 **Elegir** 고르다, (선거 등으로)선출하다

| | | | |
|---|---|---|---|
| 직현: | elijo | eliges | elige |
| | elegimos | elegís | eligen |
| 직과부: | elegí | elegiste | eligió |
| | elegimos | elegisteis | eligieron |
| 직과불: | elegía | elegías | elegía |
| | elegíamos | elegíais | elegían |
| 직미: | elegiré | elegirás | elegirá |
| | elegiremos | elegiréis | elegirán |
| 직가: | elegiría | elegirías | elegiría |
| | elegiríamos | elegiríais | elegirían |
| 접현: | elija | elijas | elija |
| | elijamos | elijáis | elijan |
| 접과: | eligiera | eligieras | eligiera |
| | eligiéramos | eligierais | eligieran |
| 과분/현분: | elegido / eligiendo | | |

▶ ¿A quién va a elegir presidente en esta elección?

   ◎ 이번 선거에서 누구를 대통령으로 뽑으실 것입니까?

## 0160 **Embarcar** 태우다, 타다, 승선하다

| 직현: | embarco | embarcas | embarca |
| | embarcamos | embarcáis | embarcan |
| 직과부: | embarqué | embarcaste | embarcó |
| | embarcamos | embarcasteis | embarcaron |
| 직과불: | embarcaba | embarcabas | embarcaba |
| | embarcábamos | embarcabais | embarcaban |
| 직미: | embarcaré | embarcarás | embarcará |
| | embarcaremos | embarcaréis | embarcarán |
| 직가: | embarcaría | embarcarías | embarcaría |
| | embarcaríamos | embarcaríais | embarcarían |
| 접현: | embarque | embarques | embarque |
| | embarquemos | embarquéis | embarquen |
| 접과: | embarcara | embarcaras | embarcara |
| | embarcáramos | embarcarais | embarcaran |

과분/현분: embarcado / embarcando

▶ El barco está aquí. Embarquemos.

　◐ 배가 여기 있다. 우리 타자.

## 0161 **Emitir** 발하다, 배출하다, 발행하다

| 직현: | emito | emites | emite |
| --- | --- | --- | --- |
| | emitimos | emitís | emiten |
| 직과부: | emití | emitiste | emitió |
| | emitimos | emitisteis | emitieron |
| 직과불: | emitía | emitías | emitía |
| | emitíamos | emitíais | emitían |
| 직미: | emitiré | emitirás | emitirá |
| | emitiremos | emitiréis | emitirán |
| 직가: | emitiría | emitirías | emitiría |
| | emitiríamos | emitiríais | emitirían |
| 접현: | emita | emitas | emita |
| | emitamos | emitáis | emitan |
| 접과: | emitiera | emitieras | emitiera |
| | emitiéramos | emitierais | emitieran |
| 과분/현분: | emitido / emitiendo | | |

▶ No emita más letras sin confirmar el fondo bancario.

◎ 은행 자금을 확인하지 않고, 더 이상 어음을 발행하지 말아주십시오.

## 0162 **Empezar** 시작하다

| 직현: | empiezo | empiezas | empieza |
| | empezamos | empezáis | empiezan |
| 직과부: | empecé | empezaste | empezó |
| | empezamos | empezasteis | empezaron |
| 직과불: | empezaba | empezabas | empezaba |
| | empezábamos | empezabais | empezaban |
| 직미: | empezaré | empezarás | empezará |
| | empezaremos | empezaréis | empezarán |
| 직가: | empezaría | empezarías | empezaría |
| | empezaríamos | empezaríais | empezarían |
| 접현: | empiece | empieces | empiece |
| | empecemos | empecéis | empiecen |
| 접과: | empezara | empezaras | empezara |
| | empezáramos | empezarais | empezaran |

과분/현분: empezado / empezando

▶ Empiecen a comer.

　◐ (여러분들) 식사를 시작하세요.

### 0163 **Emplear** 채용하다, 고용하다

| 직현: | empleo | empleas | emplea |
|---|---|---|---|
| | empleamos | empleáis | emplean |
| 직과부: | empleé | empleaste | empleó |
| | empleamos | empleasteis | emplearon |
| 직과불: | empleaba | empleabas | empleaba |
| | empleábamos | empleabais | empleaban |
| 직미: | emplearé | emplearás | empleará |
| | emplearemos | emplearéis | emplearán |
| 직가: | emplearía | emplearías | emplearía |
| | emplearíamos | emplearíais | emplearían |
| 접현: | emplee | emplees | emplee |
| | empleemos | empleéis | empleen |
| 접과: | empleara | emplearas | empleara |
| | empleáramos | emplearais | emplearan |

과분/현분: empleado / empleando

▶ Necesitamos emplear diez obreros para eso.

◯ 우리가 그것을 위해서 10명의 노동자들을 고용할 필요가 있다.

## 0164 **Emprender** 시작하다, 맞서 싸우다

| | | | |
|---|---|---|---|
| 직현: | emprendo | emprendes | emprende |
| | emprendemos | emprendéis | emprenden |
| 직과부: | emprendí | emprendiste | emprendió |
| | emprendimos | emprendisteis | emprendieron |
| 직과불: | emprendía | emprendías | emprendía |
| | emprendíamos | emprendíais | emprendían |
| 직미: | emprenderé | emprenderás | emprenderá |
| | emprenderemos | emprenderéis | emprenderán |
| 직가: | emprendería | emprenderías | emprendería |
| | emprenderíamos | emprenderíais | emprenderían |
| 접현: | emprenda | emprendas | emprenda |
| | emprendamos | emprendáis | emprendan |
| 접과: | emprendiera | emprendieras | emprendiera |
| | emprendiéramos | emprendierais | emprendieran |

과분/현분: emprendido / emprendiendo

▶ **Emprendió** un proyecto estimulante.

그(녀)는 흥미로운 프로젝트를 개시했다.

`0165` **Empujar** 밀다, 찌르다, 내쫓다

| | | |
|---|---|---|
| 직현: | empujo | empujas | empuja |
| | empujamos | empujáis | empujan |
| 직과부: | empujé | empujaste | empujó |
| | empujamos | empujasteis | empujaron |
| 직과불: | empujaba | empujabas | empujaba |
| | empujábamos | empujabais | empujaban |
| 직미: | empujaré | empujarás | empujará |
| | empujaremos | empujaréis | empujarán |
| 직가: | empujaría | empujarías | empujaría |
| | empujaríamos | empujaríais | empujarían |
| 접현: | empuje | empujes | empuje |
| | empujemos | empujéis | empujen |
| 접과: | empujara | empujaras | empujara |
| | empujáramos | empujarais | empujaran |

과분/현분: empujado / empujando

▶ Le empujaba para que terminara la tarea.

　◐ 난 그(녀)가 그 일을 끝내도록 압박했었다.

## 0166 **Enamorar** 사랑을 느끼게 하다, 구애하다, (누구의) 마음에 들다

| 직현: | enamoro | enamoras | enamora |
| --- | --- | --- | --- |
| | enamoramos | enamoráis | enamoran |
| 직과부: | enamoré | enamoraste | enamoró |
| | enamoramos | enamorasteis | enamoraron |
| 직과불: | enamoraba | enamorabas | enamoraba |
| | enamorábamos | enamorabais | enamoraban |
| 직미: | enamoraré | enamorarás | enamorará |
| | enamoraremos | enamoraréis | enamorarán |
| 직가: | enamoraría | enamorarías | enamoraría |
| | enamoraríamos | enamoraríais | enamorarían |
| 접현: | enamore | enamores | enamore |
| | enamoremos | enamoréis | enamoren |
| 접과: | enamorara | enamoraras | enamorara |
| | enamoráramos | enamorarais | enamoraran |

과분/현분: enamorado / enamorando

▶ Ella se enamoró de él.

◎ 그녀는 그와 사랑에 빠졌다.

## 0167 **Encantar** 무척 좋아하다, 기쁘게 하다, 매혹시키다

| 직현: | encanto | encantas | encanta |
| --- | --- | --- | --- |
| | encantamos | encantáis | encantan |
| 직과부: | encanté | encantaste | encantó |
| | encantamos | encantasteis | encantaron |
| 직과불: | encantaba | encantabas | encantaba |
| | encantábamos | encantabais | encantaban |
| 직미: | encantaré | encantarás | encantará |
| | encantaremos | encantaréis | encantarán |
| 직가: | encantaría | encantarías | encantaría |
| | encantaríamos | encantaríais | encantarían |
| 접현: | encante | encantes | encante |
| | encantemos | encantéis | encanten |
| 접과: | encantara | encantaras | encantara |
| | encantáramos | encantarais | encantaran |
| 과분/현분: | encantado / encantando | | |

▶ Me encantan estos libros.

◉ 나는 이 책들을 정말 좋아한다.

**0168** **Encargar** 맡기다, 주문하다, 임신하다

| 직현: | encargo | encargas | encarga |
|---|---|---|---|
| | encargamos | encargáis | encargan |
| 직과부: | encargué | encargaste | encargó |
| | encargamos | encargasteis | encargaron |
| 직과불: | encargaba | encargabas | encargaba |
| | encargábamos | encargabais | encargaban |
| 직미: | encargaré | encargarás | encargará |
| | encargaremos | encargaréis | encargarán |
| 직가: | encargaría | encargarías | encargaría |
| | encargaríamos | encargaríais | encargarían |
| 접현: | encargue | encargues | encargue |
| | encarguemos | encarguéis | encarguen |
| 접과: | encargara | encargaras | encargara |
| | encargáramos | encargarais | encargaran |

과분/현분: encargado / encargando

▶ Nos encargó de los archivos.

◎ 그는 우리에게 파일을 맡겼다.

**0169** **Encender** 불을 붙이다, 불을 켜다, 흥분시키다

| 직현: | enciendo | enciendes | enciende |
| --- | --- | --- | --- |
| | encendemos | encendéis | encienden |
| 직과부: | encendí | encendiste | encendió |
| | encendimos | encendisteis | encendieron |
| 직과불: | encendía | encendías | encendía |
| | encendíamos | encendíais | encendían |
| 직미: | encenderé | encenderás | encenderá |
| | encenderemos | encenderéis | encenderán |
| 직가: | encendería | encenderías | encendería |
| | encenderíamos | encenderíais | encenderían |
| 접현: | encienda | enciendas | encienda |
| | encendamos | encendáis | enciendan |
| 접과: | encendiera | encendieras | encendiera |
| | encendiéramos | encendierais | encendieran |

과분/현분:  encendido / encendiendo

▶ ¿Me enciendes un cigarrillo?

◐ 나에게 담뱃불을 붙여줄래?

## 0170 **Encontrar** 찾다, 만나다, 인정하다, 접촉하다

| 직현: | encuentro | encuentras | encuenta |
|---|---|---|---|
| | encontramos | encontráis | encuentran |
| 직과부: | encontré | encontraste | encontró |
| | encontramos | encontrasteis | encontraron |
| 직과불: | encontraba | encontrabas | encontraba |
| | encontrábamos | encontrabais | encontraban |
| 직미: | encontraré | encontrarás | encontrará |
| | encontraremos | encontraréis | encontrarán |
| 직가: | encontraría | encontrarías | encontraría |
| | encontraríamos | encontraríais | encontrarían |
| 접현: | encuentre | encuentres | encuentre |
| | encontremos | encontréis | encuentren |
| 접과: | encontrara | encontraras | encontrara |
| | encontráramos | encontrarais | encontraran |

과분/현분: encontrado / econtrando

▶ Ayer encontré a tu novia en un lugar inesperado.

  ◉ 어제 예상하지 못한 장소에서 네 여자친구를 만났다.

0171 **Enfadar** 화나게 하다 ※ enfadarse 화나다

| 직현: | enfado | enfadas | enfada |
| | enfadamos | enfadáis | enfadan |
| 직과부: | enfadé | enfadaste | enfadó |
| | enfadamos | enfadasteis | enfadaron |
| 직과불: | enfadaba | enfadabas | enfadaba |
| | enfadábamos | enfadabais | enfadaban |
| 직미: | enfadaré | enfadarás | enfadará |
| | enfadaremos | enfadaréis | enfadarán |
| 직가: | enfadaría | enfadarías | enfadaría |
| | enfadaríamos | enfadaríais | enfadarían |
| 접현: | enfade | enfades | enfade |
| | enfademos | enfadéis | enfaden |
| 접과: | enfadara | enfadaras | enfadara |
| | enfadáramos | enfadarais | enfadaran |

과분/현분: enfadado / enfadando

▶ No me enfades.

◉ 나를 화나게 하지 마라.

### 0172 **Engañar** 속이다, 달래다

| 직현: | engaño | engañas | engaña |
| | engañamos | engañáis | engañan |
| 직과부: | engañé | engañaste | engañó |
| | engañamos | engañasteis | engañaron |
| 직과불: | engañaba | engañabas | engañaba |
| | engañábamos | engañabais | engañaban |
| 직미: | engañaré | engañarás | engañará |
| | engañaremos | engañaréis | engañarán |
| 직가: | engañaría | engañarías | engañaría |
| | engañaríamos | engañaríais | engañarían |
| 접현: | engañe | engañes | engañe |
| | engañemos | engañéis | engañen |
| 접과: | engañara | engañaras | engañara |
| | engañáramos | engañarais | engañaran |

과분/현분: engañado / engañando

▶ Nos engañó con sus palabras halagadoras.

  ◎ 그는 달콤한 말로 우리를 속였다.

**0173** **Enojar** 귀찮게 하다, 화나게 하다  ※ enjarse 화나다

| 직현: | enojo | enojas | enoja |
| | enojamos | enojáis | enojan |
| 직과부: | enojé | enojaste | enojó |
| | enojamos | enojasteis | enojaron |
| 직과불: | enojaba | enojabas | enojaba |
| | enojábamos | enojabais | enojaban |
| 직미: | enojaré | enojarás | enojará |
| | enojaremos | enojaréis | enojarán |
| 직가: | enojaría | enojarías | enojaría |
| | enojaríamos | enojaríais | enojarían |
| 접현: | enoje | enojes | enoje |
| | enojemos | enojéis | enojen |
| 접과: | enojara | enojaras | enojara |
| | enojáramos | enojarais | enojaran |

과분/현분: enojado / enojando

▶ Nos enojamos al ver tal desorden.

◐ 우리는 그런 무질서를 볼 때 화가 난다.

## `0174` **Enseñar** 가르치다, 제시하다

| 직현: | enseño | enseñas | enseña |
| --- | --- | --- | --- |
| | enseñamos | enseñáis | enseñan |
| 직과부: | enseñé | enseñaste | enseñó |
| | enseñamos | enseñasteis | enseñaron |
| 직과불: | enseñaba | enseñabas | enseñaba |
| | enseñábamos | enseñabais | enseñaban |
| 직미: | enseñaré | enseñarás | enseñará |
| | enseñaremos | enseñaréis | enseñarán |
| 직가: | enseñaría | enseñarías | enseñaría |
| | enseñaríamos | enseñaríais | enseñarían |
| 접현: | enseñe | enseñes | enseñe |
| | enseñemos | enseñéis | enseñen |
| 접과: | enseñara | enseñaras | enseñara |
| | enseñáramos | enseñarais | enseñaran |

과분/현분: enseñado / enseñando

▶ No puedo enseñarte más por lo inteligente que eres.

  ◎ 너는 너무 똑똑해서 내가 더 이상 가르칠 것이 없다.

### 0175 **Entender** 이해하다

| 직현: | entiendo | entiendes | entiende |
|---|---|---|---|
| | entendemos | entendéis | entienden |
| 직과부: | entendí | entendiste | entendió |
| | entendimos | entendisteis | entendieron |
| 직과불: | entendía | entendías | entendía |
| | entendíamos | entendíais | entendían |
| 직미: | entenderé | entenderás | entenderá |
| | entenderemos | entenderéis | entenderán |
| 직가: | entendería | entenderías | entendería |
| | entenderíamos | entenderíais | entenderían |
| 접현: | entienda | entiendas | entienda |
| | entendamos | entendáis | entiendan |
| 접과: | entendiera | entendieras | entendiera |
| | entendiéramos | entendierais | entendieran |
| 과분/현분: | entendido / entendiendo | | |

▶ No entiendo el problema.

  ◯ 문제가 이해되지 않는다.

## 0176 **Entrar** 들어가다, 꿰뚫다

| 직현: | entro | entras | entra |
|---|---|---|---|
| | entramos | entráis | entran |
| 직과부: | entré | entraste | entró |
| | entramos | entrasteis | entraron |
| 직과불: | entraba | entrabas | entraba |
| | entrábamos | entrabais | entraban |
| 직미: | entraré | entrarás | entrará |
| | entraremos | entraréis | entrarán |
| 직가: | entraría | entrarías | entraría |
| | entraríamos | entraríais | entrarían |
| 접현: | entre | entres | entre |
| | entremos | entréis | entren |
| 접과: | entrara | entraras | entrara |
| | entráramos | entrarais | entraran |

과분/현분: entrado / entrando

▶ No entres en mi cuarto sin tener un motivo imprescindible.

◉ 필수불가결한 동기 없이는 내 방에 들어오지 마라.

## 0177 **Entregar** 내보내다, 건네다

| 직현: | entrego | entregas | entrega |
| | entregamos | entregáis | entregan |
| 직과부: | entregué | entregaste | entregó |
| | entregamos | entregasteis | entregaron |
| 직과불: | entregaba | entregabas | entregaba |
| | entregábamos | entregabais | entregaban |
| 직미: | entregaré | entregarás | entregará |
| | entregaremos | entregaréis | entregarán |
| 직가: | entregaría | entregarías | entregaría |
| | entregaríamos | entregaríais | entregarían |
| 접현: | entregue | entregues | entregue |
| | entreguemos | entreguéis | entreguen |
| 접과: | entregara | entregaras | entregara |
| | entregáramos | entregarais | entregaran |

과분/현분: entrgado / entregando

▶ Hace una semana que entregué el informe.

◉ 정보를 전달하는데 일주일이 걸렸다.

`0178` **Enviar** 보내다, 던지다

| 직현: | envío | envías | envía |
|---|---|---|---|
| | enviamos | enviáis | envían |
| 직과부: | envié | enviaste | envió |
| | enviamos | enviasteis | enviaron |
| 직과불: | enviaba | enviabas | enviaba |
| | enviábamos | enviabais | enviaban |
| 직미: | enviaré | enviarás | enviará |
| | enviaremos | enviaréis | enviarán |
| 직가: | enviaría | enviarías | enviaría |
| | enviaríamos | enviaríais | enviarían |
| 접현: | envíe | envíes | envíe |
| | enviemos | enviéis | envíen |
| 접과: | enviara | enviaras | enviara |
| | enviáramos | enviarais | enviaran |

과분/현분: enviado / enviando

▶ Te lo envío por correo para que estés tranquila.

　◎ 너를 안심시키기 위해 네게 우편으로 그것을 보낸다.

## 0179 **Envolver** 싸다, 포장하다, 포위하다

| 직현: | envuelvo | envuelves | envuelve |
|---|---|---|---|
| | envolvemos | envolvéis | envulven |
| 직과부: | envolví | envolviste | envolvió |
| | envolvimos | envolvisteis | envolvieron |
| 직과불: | envolvía | envolvías | envolvía |
| | envolvíamos | envolvíais | envolvían |
| 직미: | envolveré | envolverás | envolverá |
| | envolveremos | envolveréis | envolverán |
| 직가: | envolvería | envolverías | envolvería |
| | envolveríamos | envolveríais | envolverían |
| 접현: | envuelva | envuelvas | envuelva |
| | envolvamos | elvolváis | envuelvan |
| 접과: | envolviera | envolvieras | envolviera |
| | envolviéramos | envolvierais | envolvieran |

과분/현분: envuelto / envolviendo

▶ Envuelve el paquete en este papel.

◎ 소포를 이 종이로 포장해라.

## 0180 **Equivocar** 잘못하다, (+con) 실수로 바꾸다

| 직현: | equivoco | equivocas | equivoca |
| --- | --- | --- | --- |
| | equivocamos | equivocáis | equivocan |
| 직과부: | equivoqué | equivocaste | equivocó |
| | equivocamos | equivocasteis | equivocaron |
| 직과불: | equivocaba | equivocabas | equivocaba |
| | equivocábamos | equivocabais | equivocaban |
| 직미: | equivocaré | equivocarás | equivocará |
| | equivocaremos | equivocaréis | equivocarán |
| 직가: | equivocaría | equivocarías | equivocaría |
| | equivocaríamos | equivocaríais | equivocarían |
| 접현: | equivoque | equivoques | equivoque |
| | equivoquemos | equivoquéis | equivoquen |
| 접과: | equivocara | equivocaras | equivocara |
| | equivocáramos | equivocarais | equivocaran |

과분/현부: equivocado / equivocando

▶ Ud. se ha equivocado de número.

◐ 당신은 전화를 잘못 거셨네요.

**0181** **Escoger** 고르다, 가려내다, 뽑다

| 직현: | escojo | escoges | escoge |
| --- | --- | --- | --- |
| | escogemos | escogéis | escogen |
| 직과부: | escogí | escogiste | escogió |
| | escogimos | escogisteis | escogieron |
| 직과불: | escogía | escogías | escogía |
| | escogíamos | escogíais | escogían |
| 직미: | escogeré | escogerás | escogerá |
| | escogeremos | escogeréis | escogerán |
| 직가: | escogería | escogerías | escogería |
| | escogeríamos | escogeríais | escogerían |
| 접현: | escoja | escojas | escoja |
| | escojamos | escojáis | escojan |
| 접과: | escogiera | escogieras | escogiera |
| | escogiéramos | escogierais | escogieran |
| 과분/현분: | escogido / escogiendo | | |

▶ Escogió los muebles de marca.

　　◎ 그(녀)는 브랜드 가구를 골랐다.

0182 **Esconder** 숨기다, 물러가게 하다, 비밀로 간직하다

| 직현: | escondo | escondes | esconde |
| --- | --- | --- | --- |
| | escondemos | escondéis | esconden |
| 직과부: | escondí | escondiste | escondió |
| | escondimos | escondisteis | escondieron |
| 직과불: | escondía | escondías | escondía |
| | escondíamos | escondíais | escondían |
| 직미: | esconderé | esconderás | esconderá |
| | esconderemos | esconderéis | esconderán |
| 직가: | escondería | esconderías | escondería |
| | esconderíamos | esconderíais | esconderían |
| 접현: | esconda | escondas | esconda |
| | escondamos | escondáis | escondan |
| 접과: | escondiera | escondieras | escondiera |
| | escondiéramos | escondierais | escondieran |

과분/현부: escondido / escondiendo

▶ Escondió el dinero en la caja fuerte.

　◐ 그(녀)는 돈을 금고에 숨겼다.

## 0183 **Escribir** 쓰다, (글로)전달하다

| 직현: | escribo | escribes | escribe |
|---|---|---|---|
| | escribimos | escribís | escriben |
| 직과부: | escribí | escribiste | escribió |
| | escribimos | escribisteis | escribieron |
| 직과불: | escribía | escribías | escribía |
| | escribíamos | escribíais | escribían |
| 직미: | escribiré | escribirás | escribirá |
| | escribiremos | escribiréis | escribirán |
| 직가: | escribiría | escribirías | escribiría |
| | escribiríamos | escribiríais | escribirían |
| 접현: | escriba | escribas | escriba |
| | escribamos | escribáis | escriban |
| 접과: | escribiera | escribieras | escribiera |
| | escribiéramos | escribierais | escribieran |

과분/현분: escrito / escribiendo

▶ No sé escribir a máquina ni manejar la computadora.

   ◑ 나는 컴퓨터를 다룰 줄도 모르고 타자를 칠 줄도 모른다.

## 0184 **Escuchar** 듣다, 귀를 쫑긋하다

| 직현: | escucho | escuchas | escucha |
| | escuchamos | escucháis | escuchan |
| 직과부: | escuché | escuchaste | escuchó |
| | escuchamos | escuchasteis | escucharon |
| 직과불: | escuchaba | escuchabas | escuchaba |
| | escuchábamos | escuchabais | escuchaban |
| 직미: | escucharé | escucharás | escuchará |
| | escucharemos | escucharéis | escucharán |
| 직가: | escucharía | escucharías | escucharía |
| | escucharíamos | escucharíais | escucharían |
| 접현: | escuche | escuches | escuche |
| | escuchemos | escuchéis | escuchen |
| 접과: | escuchara | escucharas | escuchara |
| | escucháramos | escucharais | escucharan |
| 과분/현분: | escuchado / escuchando | | |

▶ ¿Por qué no me escuchas?

　◎ 왜 내 얘기를 듣지 않는거야?

**0185** **Esperar** 기다리다, 예상하다, 희망하다

| 직현: | espero | esperas | espera |
| | esperamos | esperáis | esperan |
| 직과부: | esperé | esperaste | esperó |
| | esperamos | esperasteis | esperaron |
| 직과불: | esperaba | esperabas | esperaba |
| | esperábamos | esperabais | esperaban |
| 직미: | esperaré | esperarás | esperará |
| | esperaremos | esperaréis | esperarán |
| 직가: | esperaría | esperarías | esperaría |
| | esperaríamos | esperaríais | esperarían |
| 접현: | espere | esperes | espere |
| | esperemos | esperéis | esperen |
| 접과: | esperara | esperaras | esperara |
| | esperáramos | esperarais | esperaran |

과분/현분: esperado / esperando

▶ Espero a María desde hace dos horas.

◎ 나는 두 시간 전부터 마리아를 기다린다.

**0186** **Estar** ～이다(상태) [*ser 참조]

| 직현: | estoy | estás | está |
| | estamos | estáis | están |
| 직과부: | estuve | estuviste | estuvo |
| | estuvimos | estuvisteis | estuvieron |
| 직과불: | estaba | estabas | estaba |
| | estábamos | estabais | estaban |
| 직미: | estaré | estarás | estará |
| | estaremos | estaréis | estarán |
| 직가: | estaría | estarías | estaría |
| | estaríamos | estaríais | estarían |
| 접현: | esté | estés | esté |
| | estemos | estéis | estén |
| 접과: | estuviera | estuvieras | estuviera |
| | estuviéramos | estuvierais | estuvieran |

과분/현분: estado / estando

▶ Las manzanas están a un euro el kilo.

　◐ 사과들은 1킬로그램에 1유로이다.

## 0187 **Establecer** 설립하다, 확립하다, 정착하다

| 직현: | establezco | estableces | establece |
| --- | --- | --- | --- |
| | establecemos | establecéis | establecen |
| 직과부: | establecí | estableciste | estableció |
| | establecimos | establecisteis | establecieron |
| 직과불: | establecía | establecías | establecía |
| | establecíamos | establecíais | establecían |
| 직미: | estableceré | establecerás | establecerá |
| | estableceremos | estableceréis | establecerán |
| 직가: | establecería | establecerías | establecería |
| | estableceríamos | estableceríais | establecerían |
| 접현: | establezca | establezcas | establezca |
| | establezcamos | establezcáis | establezcan |
| 접과: | estableciera | establecieras | estableciera |
| | estableciéramos | establecierais | establecieran |

과분/현분: establecido / estableciendo

▶ Hay que establecer una nueva norma.

◯ 새로운 규정을 세워야만한다.

## 0188 **Estropear** 파손시키다, 불구로 만들다, 좌절하게 하다

| 직현: | estropeo | estropeas | estropea |
| --- | --- | --- | --- |
| | estropeamos | estropeáis | estropean |
| 직과부: | estropeé | estropeaste | estropeó |
| | estropeamos | estropeasteis | estropearon |
| 직과불: | estropeaba | estropeabas | estropeaba |
| | estropeábamos | estropeabais | estropeaban |
| 직미: | estropearé | estropearás | estropeará |
| | estropearemos | estropearéis | estropearán |
| 직가: | estropearía | estropearías | estropearía |
| | estropearíamos | estropearíais | estropearían |
| 접현: | estropee | estropees | estropee |
| | estropeemos | estropeéis | estropeen |
| 접과: | estropeara | estropearas | estropeara |
| | estropeáramos | estropearais | estropearan |

과분/현분: estropeado / estropeando

▶ Me has estropeado el plan que me ha costado tanto.

　◐ 넌 내가 그렇게 고생했던 계획을 망쳐놨다.

## 0189 **Estudiar** 공부하다, 연습하다, 검토하다

| | | | |
|---|---|---|---|
| 직현: | estudio | estudias | estudia |
| | estudiamos | estudiáis | estudian |
| 직과부: | estudié | estudiaste | estudió |
| | estudiamos | estudiasteis | estudiaron |
| 직과불: | estudiaba | estudiabas | estudiaba |
| | estudiábamos | estudiabais | estudiaban |
| 직미: | estudiaré | estudiarás | estudiará |
| | estudiaremos | estudiaréis | estudiarán |
| 직가: | estudiaría | estudiarías | estudiaría |
| | estudiaríamos | estudiaríais | estudiarían |
| 접현: | estudie | estudies | estudie |
| | estudiemos | estudiéis | estudien |
| 접과: | estudiara | estudiaras | estudiara |
| | estudiáramos | estudiarais | estudiaran |
| 과분/현분: | estudiado / estudiando | | |

▶ **Estudio** español yo solo si bien sé que es difícil.

　◎ 어려운 것을 알면서도 나 혼자 스페인어를 공부한다.

## 0190 **Exagerar** 과장하다, 허풍을 떨다

| 직현: | exagero | exageras | exagera |
| --- | --- | --- | --- |
| | exageramos | exageráis | exageran |
| 직과부: | exageré | exageraste | exageró |
| | exageramos | exagerasteis | exageraron |
| 직과불: | exageraba | exagerabas | exageraba |
| | exagerábamos | exagerabais | exageraban |
| 직미: | exageraré | exagerarás | exagerará |
| | exageraremos | exageraréis | exagerarán |
| 직가: | exageraría | exagerarías | exageraría |
| | exageraríamos | exageraríais | exagerarían |
| 접현: | exagere | exageres | exagere |
| | exageremos | exageréis | exageren |
| 접과: | exagerara | exageraras | exagerara |
| | exageráramos | exagerarais | exageraran |
| 과분/현분: | exagerado / exagerando | | |

▶ No exageras lo que ella dijo.

◐ 그녀가 말한 것을 과장하지 말아라.

**0191** **Examinar** 시험을 보게하다, 검토하다, 진찰하다

| 직현: | examino | examinas | examina |
| --- | --- | --- | --- |
| | examinamos | examináis | examinan |
| 직과부: | examiné | examinaste | examinó |
| | examinamos | examinasteis | examinaron |
| 직과불: | examinaba | examinabas | examinaba |
| | examinábamos | examinabais | examinaban |
| 직미: | examinaré | examinarás | examinará |
| | examinaremos | examinaréis | examinarán |
| 직가: | examinaría | examinarías | examinaría |
| | examinaríamos | examinaríais | examinarían |
| 접현: | examine | examines | examine |
| | examinemos | examinéis | examinen |
| 접과: | examinara | examinaras | examinara |
| | examináramos | examinarais | examinaran |

과분/현분: examinado / examinando

▶ El médico examina al enfermo atentamente.

   ◯ 의사가 환자를 꼼꼼하게 진찰한다.

## 0192 **Exigir** 요구하다, 필요로 하다

| 직현: | exijo | exiges | exige |
|---|---|---|---|
| | exigimos | exigís | exigen |
| 직과부: | exigí | exigiste | exigió |
| | exigimos | exigisteis | exigieron |
| 직과불: | exigía | exigías | exigía |
| | exigíamos | exigíais | exigían |
| 직미: | exigiré | exigirás | exigirá |
| | exigiremos | exigiréis | exigirán |
| 직가: | exigiría | exigirías | exigiría |
| | exigiríamos | exigiríais | exigirían |
| 접현: | exija | exijas | exija |
| | exijamos | exijáis | exijan |
| 접과: | exigiera | exigieras | exigiera |
| | exigiéramos | exigierais | exigieran |
| 과분/현분: | exigldo / exigiendo | | |

▶ Ella me exige que no vuelva a ver a su hija.

　◯ 그녀는 나에게 다시는 그녀의 딸을 만나지 않을 것을 요구한다.

## 0193 **Experimentar** 실험하다, 체험하다

| 직현: | experimento | experimentas | experimenta |
| --- | --- | --- | --- |
| | experimentamos | experimentáis | experimentan |
| 직과부: | experimenté | experimentaste | experimentó |
| | experimentamos | experimentasteis | experimentaron |
| 직과불: | experimentaba | experimentabas | experimentaba |
| | experimentábamos | experimentabais | experimentaban |
| 직미: | experimentaré | experimentarás | experimentará |
| | experimentaremos | experimentaréis | experimentarán |
| 직가: | experimentaría | experimentarías | experimentaría |
| | experimentaríamos | experimentaríais | experimentarían |
| 접현: | experimente | experimentes | experimente |
| | experimentemos | experimentéis | experimenten |
| 접과: | experimentara | experimentaras | experimentara |
| | experimentáramos | experimentarais | experimentaran |
| 과분/현분: | experimentado / experimentando | | |

▶ Experimentaron una nueva droga.

    ◉ 그들은 새 약을 실험했다.

## 0194 **Explicar** 설명하다, 가르치다, 알리다

| 직현: | explico | explicas | explica |
| | explicamos | explicáis | explican |
| 직과부: | expliqué | explicaste | explicó |
| | explicamos | explicasteis | explicaron |
| 직과불: | explicaba | explicabas | explicaba |
| | explicábamos | explicabais | explicaban |
| 직미: | explicaré | explicarás | explicará |
| | explicaremos | explicaréis | explicarán |
| 직가: | explicaría | explicarías | explicaría |
| | explicaríamos | explicaríais | explicarían |
| 접현: | explique | expliques | explique |
| | expliquemos | expliquéis | expliquen |
| 접과: | explicara | explicaras | explicara |
| | explicáramos | explicarais | explicaran |

과분/현분: explicado / explicando

▶ Les **expliqué** mi idea.

   ◐ 난 내 아이디어를 그들에게 설명했다.

## 0195 **Expresar** 표현하다, 자신의 생각을 나타내다

| | | | |
|---|---|---|---|
| 직현: | expreso | expresas | expresa |
| | expresamos | expresáis | expresan |
| 직과부: | expresé | expresaste | expresó |
| | expresamos | expresasteis | expresaron |
| 직과불: | expresaba | expresabas | expresaba |
| | expresábamos | expresabais | expresaban |
| 직미: | expresaré | expresarás | expresará |
| | expresaremos | expresaréis | expresarán |
| 직가: | expresaría | expresarías | expresaría |
| | expresaríamos | expresaríais | expresarían |
| 접현: | exprese | expreses | exprese |
| | expresemos | expreséis | expresen |
| 접과: | expresara | expresaras | expresara |
| | expresáramos | expresarais | expresaran |
| 과분/현분: | expresado / expresando | | |

▶ No expresó su idea muy claramente.

➲ 그(녀)는 생각을 매우 분명하게 나타내지는 않았다.

`0196` **Extrañar** 이상하게 보이다, 놀라게 하다, ~에 익숙하지 않다.

| 직현: | extraño | extrañas | extraña |
| | extrañamos | extrañáis | extrañan |
| 직과부: | extrañé | extrañaste | extrañó |
| | extrañamos | extrañasteis | extrañaron |
| 직과불: | extrañaba | extrañabas | extrañaba |
| | extrañábamos | extrañabais | extrañaban |
| 직미: | extrañaré | extrañarás | extrañará |
| | extrañaremos | extrañaréis | extrañarán |
| 직가: | extrañaría | extrañarías | extrañaría |
| | extrañaríamos | extrañaríais | extrañarían |
| 접현: | extrañe | extrañes | extrañe |
| | extrañemos | extrañéis | extrañen |
| 접과: | extrañara | extrañaras | extrañara |
| | extrañáramos | extrañarais | extrañaran |

과분/현분: extrañado / extrañando

▶ Me extraña encontrarte aquí.

　◑ 널 여기서 만나다니 놀랍군.

**0197** **Faltar** ~가 없다, (시간/거리) 아직 남아있다

| 직현: | falto | faltas | falta |
| | faltamos | faltáis | faltan |
| 직과부: | falté | faltaste | faltó |
| | faltamos | faltasteis | faltaron |
| 직과불: | faltaba | faltabas | faltaba |
| | faltábamos | faltabais | faltaban |
| 직미: | faltaré | faltarás | faltará |
| | faltaremos | faltaréis | faltarán |
| 직가: | faltaría | faltarías | faltaría |
| | faltaríamos | faltaríais | faltarían |
| 접현: | falte | faltes | falte |
| | faltemos | faltéis | falten |
| 접과: | faltara | faltaras | faltara |
| | faltáramos | faltarais | faltaran |

과분/현분: faltado / faltando

▶ Aquí faltan muchas hojas al parecer.

◑ 겉으로 보아, 여기에 빠진 페이지가 많다.

## 0198 **Fijar** 박다, (+a +en)~에 고정시키다

| 직현: | fijo | fijas | fija |
|---|---|---|---|
| | fijamos | fijáis | fijan |
| 직과부: | fijé | fijaste | fijó |
| | fijamos | fijasteis | fijaron |
| 직과불: | fijaba | fijabas | fijaba |
| | fijábamos | fijabais | fijaban |
| 직미: | fijaré | fijarás | fijará |
| | fijaremos | fijaréis | fijarán |
| 직가: | fijaría | fijarías | fijaría |
| | fijaríamos | fijaríais | fijarían |
| 접현: | fije | fijes | fije |
| | fijemos | fijéis | fijen |
| 접과: | fijara | fijaras | fijara |
| | fijáramos | fijarais | fijaran |
| 과분/현분: | fijado / fijando | | |

▶ No fijes eso aquí porque te ponen multa.

   ◉ 벌금을 물게 될 것이므로 여기다 그것을 놓지 말아라.

### 0199 **Formar** 형성하다, 만들다; 조직하다, 구성하다

| 직현: | formo | formas | forma |
|---|---|---|---|
| | formamos | formáis | forman |
| 직과부: | formé | formaste | formó |
| | formamos | formasteis | formaron |
| 직과불: | formaba | formabas | formaba |
| | formábamos | formabais | formaban |
| 직미: | formaré | formarás | formará |
| | formaremos | formaréis | formarán |
| 직가: | formaría | formarías | formaría |
| | formaríamos | formaríais | formarían |
| 접현: | forme | formes | forme |
| | formemos | forméis | formen |
| 접과: | formara | formaras | formara |
| | formáramos | formarais | formaran |

과분/현분: formado / formando

▶ Forme una frase interrogativa correspondiente.

◐ 상응하는 의문어구를 만드세요

## 0200 **Fracasar** 실패하다; 실패로 돌아가다

| | | | |
|---|---|---|---|
| 직현: | fracaso | fracasas | fracasa |
| | fracasamos | fracasáis | fracasan |
| 직과부: | fracasé | fracasaste | fracasó |
| | fracasamos | fracasasteis | fracasaron |
| 직과불: | fracasaba | fracasabas | fracasaba |
| | fracasábamos | fracasabais | fracasaban |
| 직미: | fracasaré | fracasarás | fracasará |
| | fracasaremos | fracasaréis | fracasarán |
| 직가: | fracasaría | fracasarías | fracasaría |
| | fracasaríamos | fracasaríais | fracasarían |
| 접현: | fracase | fracases | fracase |
| | fracasemos | fracaséis | fracasen |
| 접과: | fracasara | fracasaramos | fracasara |
| | fracasáramos | fracasarais | fracasaran |
| 과분/현분: | fracasado / fracasando | | |

▶ Su proyecto fracasó.

그(녀)의 계획은 실패했다.

## 0201 **Funcionar** 기능을 하다, 작동하다

| | | | |
|---|---|---|---|
| 직현: | funciono | funcionas | funciona |
| | funcionamos | funcionáis | funcionan |
| 직과부: | funcioné | funcionaste | funcionó |
| | funcionamos | funcionasteis | funcionaron |
| 직과불: | funcionaba | funcionabas | funcionaba |
| | funcionábamos | funcionabais | funcionaban |
| 직미: | funcionaré | funcionarás | funcionará |
| | funcionaremos | funcionaréis | funcionarán |
| 직가: | funcionaría | funcionarías | funcionaría |
| | funcionaríamos | funcionaríais | funcionarían |
| 접현: | funcione | funciones | funcione |
| | funcionemos | funcionéis | funcionen |
| 접과: | funcionara | funcionaras | funcionara |
| | funcionáramos | funcionarais | funcionaran |
| 과분/현분: | funcionado / funcionando | | |

▶ El videocámara no funciona bien.

   ◉ 그 비디오카메라는 잘 작동하지 않는다.

**0202** **Ganar** 벌다, 돈벌이하다, 손에 넣다

| 직현: | gano | ganas | gana |
| | ganamos | ganáis | ganan |
| 직과부: | gané | ganaste | ganó |
| | ganamos | ganasteis | ganaron |
| 직과불: | ganaba | ganabas | ganaba |
| | ganábamos | ganabais | ganaban |
| 직미: | ganaré | ganarás | ganará |
| | ganaremos | ganaréis | ganarán |
| 직가: | ganaría | ganarías | ganaría |
| | ganaríamos | ganaríais | ganarían |
| 접현: | gane | ganes | gane |
| | ganemos | ganéis | ganen |
| 접과: | ganara | ganaras | ganara |
| | ganáramos | ganarais | ganaran |
| 과분/현분: | ganado / ganando | | |

▶ Gano menos que mi mujer, lo cual me duele.

　◎ 나는 나의 부인 보다 돈을 적게 번다. 그것이 나를 괴롭힌다.

## 0203 **Gastar** 쓰다, 사용하다, 소비되다

| 직현: | gasto | gastas | gasta |
| | gastamos | gastáis | gastan |
| 직과부: | gasté | gastaste | gastó |
| | gastamos | gastasteis | gastaron |
| 직과불: | gastaba | gastabas | gastaba |
| | gastábamos | gastabais | gastaban |
| 직미: | gastaré | gastarás | gastará |
| | gastaremos | gastaréis | gastarán |
| 직가: | gastaría | gastarías | gastaría |
| | gastaríamos | gastaríais | gastarían |
| 접현: | gaste | gastes | gaste |
| | gastemos | gastéis | gasten |
| 접과: | gastara | gastaras | gastara |
| | gastáramos | gastarais | gastaran |
| 과분/현분: | gastado / gastando | | |

▶ ¿Ya lo has gastado todo? ¡Cómo eres!

◎ 이미 너는 그 모든 것을 써버렸니? 어쩌니!

`0204` **Girar** 돌다, 회전하다; 구부러지다

| 직현: | giro | giras | gira |
| | giramos | giráis | giran |
| 직과부: | giré | giraste | giró |
| | giramos | girasteis | giraron |
| 직과불: | giraba | girabas | giraba |
| | girábamos | girabais | giraban |
| 직미: | giraré | girarás | girará |
| | giraremos | giraréis | girarán |
| 직가: | giraría | girarías | giraría |
| | giraríamos | giraríais | girarían |
| 접현: | gire | gires | gire |
| | giremos | giréis | giren |
| 접과: | girara | giraras | girara |
| | giráramos | girarais | giraran |
| 과분/현분. | girado / girando | | |

▶ Después gire a la izquierda sin cruzar la calle.

　　◎ 이후에 길을 건너지 말고 왼쪽으로 회전하세요.

**0205** **Gobernar** 통치하다, 지배하다, 다스리다

| 직현: | gobierno | gobiernas | gobierna |
| | gobernamos | gobernáis | gobiernan |
| 직과부: | goberné | gobernaste | gobernó |
| | gobernamos | gobernasteis | gobernaron |
| 직과불: | gobernaba | gobernabas | gobernaba |
| | gobernábamos | gobernabais | gobernaban |
| 직미: | gobernaré | gobernarás | gobernará |
| | gobernaremos | gobernaréis | gobernarán |
| 직가: | gobernaría | gobernarías | gobernaría |
| | gobernaríamos | gobernaríais | gobernarían |
| 접현: | gobierne | gobiernes | gobierne |
| | gobernemos | gobernéis | gobiernen |
| 접과: | gobernara | gobernaras | gobernara |
| | gobernáramos | gobernarais | gobernaran |
| 과분/현분: | gobernado / goberando | | |

▶ El Presidente tiene que gobernar bien el país.

◎ 대통령은 나라를 잘 다스려야 한다.

**0206** **Gozar** 향유하다, 향수하다

| 직현: | gozo | gozas | goza |
| | gozamos | gozáis | gozan |
| 직과부: | gocé | gozaste | gozó |
| | gozamos | gozasteis | gozaron |
| 직과불: | gozaba | gozabas | gozaba |
| | gozábamos | gozabais | gozaban |
| 직미: | gozaré | gozarás | gozará |
| | gozaremos | gozaréis | gozarán |
| 직가: | gozaría | gozarías | gozaría |
| | gozaríamos | gozaríais | gozarían |
| 접현: | goce | goces | goce |
| | gocemos | gocéis | gocen |
| 접과: | gozara | gozaras | gozaras |
| | gozáramos | gozarais | gozaran |

과분/현분: gozado / gozando

▶ Goza de buena fama.

　◑ 그(녀)는 좋은 명성을 즐긴다.

## 0207 **Gritar** 외치다, 소리치다, 소리를 크게 지르다

| 직현: | grito | gritas | grita |
| --- | --- | --- | --- |
| | gritamos | gritáis | gritan |
| 직과부: | grité | gritaste | gritó |
| | gritamos | gritasteis | gritaron |
| 직과불: | gritaba | gritabas | gritaba |
| | gritábamos | gritabais | gritaban |
| 직미: | gritaré | gritarás | gritará |
| | gritaremos | gritaréis | gritarán |
| 직가: | gritaría | gritarías | gritaría |
| | gritaríamos | gritaríais | gritarían |
| 접현: | grite | grites | grite |
| | gritemos | gritéis | griten |
| 접과: | gritara | gritaras | gritara |
| | gritáramos | gritarais | gritaran |
| 과분/현분: | gritado / gritando | | |

▶ ¡No me grites!

◑ 나에게 소리치지 마!

0208 **Graduar** 조절하다, (눈금을) 그려넣다; 졸업시키다

| 직현: | gradúo | gradúas | gradúa |
| | graduamos | graduáis | gradúan |
| 직과부: | gradué | graduaste | graduó |
| | graduamos | graduasteis | graduaron |
| 직과불: | graduaba | graduabas | graduaba |
| | graduábamos | graduabais | graduaban |
| 직미: | graduaré | graduarás | graduará |
| | graduaremos | graduaréis | graduarán |
| 직가: | graduaría | graduarías | graduaría |
| | graduaríamos | graduaríais | graduarían |
| 접현: | gradúe | gradúes | gradúe |
| | graduemos | graduéis | gradúen |
| 접과: | graduara | graduaras | graduara |
| | graduáramos | graduarais | graduaran |
| 과분/현분: | graduado / graduando | | |

▶ Es difícil graduar bien un mapa.

　　◎ 지도에 눈금을 잘 그려넣는 것은 어렵다.

**0209** **Guardar** 준수하다, 지키다

| 직현: | guardo | guardas | guarda |
| | guardamos | guardáis | guardan |
| 직과부: | guardé | guardaste | guardó |
| | guardamos | guardasteis | guardaron |
| 직과불: | guardaba | guardabas | guardaba |
| | guardábamos | guardabais | guardaban |
| 직미: | guardaré | guardarás | guardará |
| | guardaremos | guardaréis | guardarán |
| 직가: | guardaría | guardarías | guardaría |
| | guardaríamos | guardaríais | guardarían |
| 접현: | guarde | guardes | guarde |
| | guardemos | guardéis | guarden |
| 접과: | guardara | guardaras | guardara |
| | guardáramos | guardarais | guardaran |

과분/현분: guardado / guardando

▶ ¿Me puede guardar el sitio?

◐ 내 자리를 맡아 주시겠습니까?

## 0210 **Gustar** 좋아하다

| | | | |
|---|---|---|---|
| 직현: | me gusta(n) | te gusta(n) | le gusta(n), |
| | nos gusta(n) | os gusta(n) | les gusta(n) |
| 직과부: | me gustó/gustaron | te gustó/gustaron | le gustó/gustaron |
| | nos gustó/gustaron | os gustó/gustaron | les gustó/gustaron |
| 직과불: | me gustaba(n) | te gustaba(n) | le gustaba(n) |
| | nos gustaba(n) | os gustaba(n) | les gustaba(n) |
| 직미: | me gustará(n) | te gustará(n) | le gustará(n) |
| | nos gustará(n) | os gustará(n) | les gustará(n) |
| 직가: | me gustaría(n) | te gustaría(n) | le gustaría(n) |
| | nos gustaría(n) | os gustaría(n) | les gustaría(n) |
| 접현: | me guste(n) | te guste(n) | le guste(n) |
| | nos guste(n) | os guste(n) | les guste(n) |
| 접과: | me gustara(n) | te gustara(n) | le gustara(n) |
| | nos gustara(n) | os gustara(n) | les gustara(n) |
| 과분/현분: | gustado / gustando | | |

▶ Me gusta mucho cantar.

　◎ 나는 노래 부르는 것을 매우 좋아한다.

## 0211 **Haber** (완료형) 조동사; 잡다

| 직현: | he | has | ha |
|---|---|---|---|
| | hemos | habéis | han |
| 직과부: | hube | hubiste | hubo |
| | hubimos | hubisteis | hubieron |
| 직과불: | había | habías | había |
| | habíamos | habíais | habían |
| 직미: | habré | habrás | habrá |
| | habremos | habréis | habrán |
| 직가: | habría | habrías | habría |
| | habríamos | habríais | habrían |
| 접현: | haya | hayas | haya |
| | hayamos | hayáis | hayan |
| 접과: | hubiera | hubieras | hubiera |
| | hubiéramos | hubierais | hubieran |
| 과분/현분: | habido / habiendo | | |

▶ Eso es inútil después de haberlo hecho.

　◐ 그것은 만든 후에는 소용이 없었다.

## 0212 **Hablar** 말하다, 대화하다

| 직현: | hablo | hablas | habla |
| | hablamos | habláis | hablan |
| 직과부: | hablé | hablaste | habló |
| | hablamos | hablasteis | hablaron |
| 직과불: | hablaba | hablabas | hablaba |
| | hablábamos | hablabais | hablaban |
| 직미: | hablaré | hablarás | hablará |
| | hablaremos | hablaréis | hablarán |
| 직가: | hablaría | hablarías | hablaría |
| | hablaríamos | hablaríais | hablarían |
| 접현: | hable | hables | hable |
| | hablemos | habléis | hablen |
| 접과: | hablara | hablaras | hablara |
| | habláramos | hablarais | hablaran |

과분/현분: hablado / hablando

▶ Perdone todavía no hablo bien español.

◎ 죄송합니다, 아직 스페인어를 잘 말하지 못합니다.

**0213** **Hacer** 만들다, 하다

| 직현: | hago | haces | hace |
| --- | --- | --- | --- |
| | hacemos | hacéis | hacen |
| 직과부: | hice | hiciste | hizo |
| | hicimos | hicisteis | hicieron |
| 직과불: | hacía | hacías | hacía |
| | hacíamos | hacíais | hacían |
| 직미: | haré | harás | hará |
| | haremos | haréis | harán |
| 직가: | haría | harías | haría |
| | haríamos | haríais | harían |
| 접현: | haga | hagas | haga |
| | hagamos | hagáis | hagan |
| 접과: | hiciera | hicieras | hiciera |
| | hiciéramos | hicierais | hicieran |
| 과분/현분: | hecho / haciendo | | |

▶ No quiero hacer el viaje.

　　◯ 저는 여행을 하고 싶지 않습니다.

**0214** **Huir** 도망치다, 도주하다, 달아나다

| 직현: | huyo | huyes | huye |
| --- | --- | --- | --- |
| | huimos | huís | huyen |
| 직과부: | huí | huiste | huyó |
| | huimos | huisteis | huyeron |
| 직과불: | huía | huías | huía |
| | huíamos | huíais | huían |
| 직미: | huiré | huirás | huirá |
| | huiremos | huiréis | huirán |
| 직가: | huiría | huirías | huiría |
| | huiríamos | huiríais | huirían |
| 접현: | huya | huyas | huya |
| | huyamos | huyáis | huyan |
| 접과: | huyera | huyeras | huyera |
| | huyéramos | huyerais | huyeran |

과분/현분: huido / huyendo

▶ ¿Cómo huyes en esta circunstancia abandonando?

◉ 너는 어떻게 이 상황에서 포기한 채로 도망가니?

**0215** **Ingresar** 입금하다, 입원시키다, 들어가다

| 직현: | ingreso | ingresas | ingresa |
|---|---|---|---|
| | ingresamos | ingresáis | ingresan |
| 직과부: | ingresé | ingresaste | ingresó |
| | ingresamos | ingresasteis | ingresaron |
| 직과불: | ingresaba | ingresabas | ingresaba |
| | ingresábamos | ingresabais | ingresaban |
| 직미: | ingresaré | ingresarás | ingresará |
| | ingresaremos | ingresaréis | ingresarán |
| 직가: | ingresaría | ingresarías | ingresaría |
| | ingresaríamos | ingresaríais | ingresarían |
| 접현: | ingrese | ingreses | ingrese |
| | ingresemos | ingreséis | ingresen |
| 접과: | ingresara | ingresaras | ingresara |
| | ingresáramos | ingresarais | ingresaran |

과분/현분: ingresado / ingresando

▶ ¿Cuánto ingresaste ayer en mi cuenta?

◐ 어제 내 계좌로 얼마를 입금했니?

## 0216 **Insistir** 집착하다, 주장하다

| | | |
|---|---|---|
| 직현: | insisto | insistes | insiste |
| | insistimos | insistís | insisten |
| 직과부: | insistí | insististe | insistió |
| | insistimos | insististeis | insistieron |
| 직과불: | insistía | insistías | insistía |
| | insistíamos | insistíais | insistían |
| 직미: | insistiré | insistirás | insistirá |
| | insistiremos | insistiréis | insistirán |
| 직가: | insistiría | insistirías | insistiría |
| | insistiríamos | insistiríais | insistirían |
| 접현: | insista | insistas | insista |
| | insistamos | insistáis | insistan |
| 접과: | insistiera | insistieras | insistiera |
| | insistiéramos | insistierais | insistieran |

과분/현분: insistido / insistiendo

▶ Ella insiste en marcharse ahora mismo.

　◎ 그녀는 지금 당장 간다고 조르고 있다.

**0217** **Intentar** 의도하다, 기도하다, 꾀하다, 시도하다

| 직현: | intento | intentas | intenta |
| | intentamos | intentáis | intentan |
| 직과부: | intenté | intentaste | intentó |
| | intentamos | intentasteis | intentaron |
| 직과불: | intentaba | intentabas | intentaba |
| | intentábamos | intentabais | intentaban |
| 직미: | intentaré | intentarás | intentará |
| | intentaremos | intentaréis | intentarán |
| 직가: | intentaría | intentarías | intentaría |
| | intentaríamos | intentaríais | intentarían |
| 접현: | intente | intentes | intente |
| | intentemos | intentéis | intenten |
| 접과: | intentara | intentaras | intentara |
| | intentáramos | intentarais | intentaran |
| 과분/현분: | intentado / intentando | | |

▶ Él intenta dormir menos de lo normal.

　◎ 그는 평소보다 덜 자려고 한다.

## 0218 **Interesar** 관심을 끌다, (누구에게) 흥미[관심]을 가지게 하다

| 직현: | intereso | interesas | interesa |
| | interesamos | interesáis | interesan |
| 직과부: | interesé | interesaste | interesó |
| | interesamos | interesasteis | interesaron |
| 직과불: | interesaba | interesabas | interesaba |
| | interesábamos | interesabais | interesaban |
| 직미: | interesaré | interesarás | interesará |
| | interesaremos | interesaréis | interesarán |
| 직가: | interesaría | interesarías | interesaría |
| | interesaríamos | interesaríais | interesarían |
| 접현: | interese | intereses | interese |
| | interesemos | intereséis | interesen |
| 접과: | interesara | interesaras | interesara |
| | interesáramos | interesarais | interesaran |
| 과분/현분: | interesado / interesando |

▶ Me intereso por aquella chica con gafas.

　◎ 난 안경을 쓴 저 여자아이에게 관심이 있다.

## 0219 **Invitar** 초대하다, 초청하다, 초빙하다, 부르다

| 직현: | invito | invitas | invita |
|---|---|---|---|
| | invitamos | invitáis | invitan |
| 직과부: | invité | invitaste | invitó |
| | invitamos | invitasteis | invitaron |
| 직과불: | invitaba | invitabas | invitaba |
| | invitábamos | invitabais | invitaban |
| 직미: | invitaré | invitarás | invitará |
| | invitaremos | invitaréis | invitarán |
| 직가: | invitaría | invitarías | invitaría |
| | invitaríamos | invitaríais | invitarían |
| 접현: | invite | invites | invite |
| | invitemos | invitéis | inviten |
| 접과: | invitara | invitaras | invitara |
| | invitáramos | invitarais | invitaran |

과분/현분: invitado / invitando

▶ Ya no te invito más como me digas eso otra vez.

　　◯ 네가 나에게 다시 그렇게 말했기 때문에, 이제는 더 이상 너를 초대하지 않는다.

0220 **Ir** (어디에) 가다

| | | |
|---|---|---|
| 직현: | voy | vas | va |
| | vamos | vais | van |
| 직과부: | fui | fuiste | fue |
| | fuimos | fuisteis | fueron |
| 직과불: | iba | ibas | iba |
| | íbamos | ibais | iban |
| 직미: | iré | irás | irá |
| | iremos | iréis | irán |
| 직가: | iría | irías | iría |
| | iríamos | iríais | irían |
| 접현: | vaya | vayas | vaya |
| | vayamos | vayáis | vayan |
| 접과: | fuera | fueras | fuera |
| | fuéramos | fuerais | fueran |

과분/현분: ido / yendo

▶ Voy a la residencia de la escuela.

　● 나는 학교 기숙사로 간다.

## 0221 **Jugar** 놀다, 경기를 하다, 게임을 하다

| 직현: | juego | juegas | juega |
|---|---|---|---|
| | jugamos | jugáis | juegan |
| 직과부: | jugué | jugaste | jugó |
| | jugamos | jugasteis | jugaron |
| 직과불: | jugaba | jugabas | jugaba |
| | jugábamos | jugabais | jugaban |
| 직미: | jugaré | jugarás | jugará |
| | jugaremos | jugaréis | jugarán |
| 직가: | jugaría | jugarías | jugaría |
| | jugaríamos | jugaríais | jugarían |
| 접현: | juegue | juegues | juegue |
| | juguemos | juguéis | jueguen |
| 접과: | jugara | jugaras | jugara |
| | jugáramos | jugarais | jugaran |
| 과분/현분: | jugado / jugando | | |

▶ No juego bien a las cartas ni bebo mucho.

◎ 나는 카드 놀이를 잘 하지 못하고 술도 많이 마시지 않는다.

0222 **Jurar** 맹세하다, 선서하다

| 직현: | juro | juras | jura |
| --- | --- | --- | --- |
| | juramos | juráis | juran |
| 직과부: | juré | juraste | juró |
| | juramos | jurasteis | juraron |
| 직과불: | juraba | jurabas | juraba |
| | jurábamos | jurabais | juraban |
| 직미: | juraré | jurarás | jurará |
| | juraremos | juraréis | jurarán |
| 직가: | juraría | jurarías | juraría |
| | juraríamos | juraríais | jurarían |
| 접현: | jure | jures | jure |
| | juremos | juréis | juren |
| 접과: | jurara | juraras | jurara |
| | juráramos | jurarais | juraran |

과분/현분: jurado / jurando

▶ Te juro que no lo haré.

   ◑ 네게 맹세하건데 나는 그것을 하지 않을 것이다.

## 0223 **Justificar** 정당화하다, 이유를 붙이다, 이유를 들다

| 직현: | justifico | justificas | justifica |
| --- | --- | --- | --- |
| | justificamos | justificáis | justifican |
| 직과부: | justifiqué | justificaste | justificó |
| | justificamos | justificasteis | justificaron |
| 직과불: | justificaba | justificabas | justificaba |
| | justificábamos | justificabais | justificaban |
| 직미: | justificaré | justificarás | justificará |
| | justificaremos | justificaréis | justificarán |
| 직가: | justificaría | justificarías | justificaría |
| | justificaríamos | justificaríais | justificarían |
| 접현: | justifique | justifiques | justifique |
| | justifiquemos | justifiquéis | justifiquen |
| 접과: | justificara | justificaras | justificara |
| | justificáramos | justificarais | justificaran |

과분/현분: justificado / justificando

▶ ¿Puedes justificarlo?

◎ 너는 그것을 정당화 할 수 있니?

0224 **Lavar** 씻다, 세탁하다

| 직현: | lavo | lavas | lava |
|---|---|---|---|
| | lavamos | laváis | lavan |
| 직과부: | lavé | lavaste | lavó |
| | lavamos | lavasteis | lavaron |
| 직과불: | lavaba | lavabas | lavaba |
| | lavábamos | lavabais | lavaban |
| 직미: | lavaré | lavarás | lavará |
| | lavaremos | lavaréis | lavarán |
| 직가: | lavaría | lavarías | lavaría |
| | lavaríamos | lavaríais | lavarían |
| 접현: | lave | laves | lave |
| | lavemos | lavéis | laven |
| 접과: | lavara | lavaras | lavara |
| | laváramos | lavarais | lavaran |
| 과분/현분: | lavado / lavando | | |

▶ Esta tarde lavas los platos por favor.

  ◐ 오늘 오후에 접시를 제발 닦아라.

## 0225 **Leer** 소리내어 읽다, 낭독하다

| 직현: | leo | lees | lee |
|---|---|---|---|
| | leemos | leéis | leen |
| 직과부: | leí | leíste | leyó |
| | leímos | leísteis | leyeron |
| 직과불: | leía | leías | leía |
| | leíamos | leíais | leían |
| 직미: | leeré | leerás | leerá |
| | leeremos | leeréis | leerán |
| 직가: | leería | leerías | leería |
| | leeríamos | leeríais | leerían |
| 접현: | lea | leas | lea |
| | leamos | leáis | lean |
| 접과: | leyera | leyeras | leyera |
| | leyéramos | leyerais | leyeran |
| 과분/현분: | leído / leyendo | | |

▶ Yo no leo las novelas de aventura.

○ 나는 모험 소설을 읽지 않는다.

`0226` **Levantar** 올리다, 높이다, 일으키다

| 직현: | levanto | levantas | levanta |
|---|---|---|---|
| | levantamos | levantáis | levantan |
| 직과부: | levanté | levantaste | levantó |
| | levantamos | levantasteis | levantaron |
| 직과불: | levantaba | levantabas | levantaba |
| | levantábamos | levantabais | levantaban |
| 직미: | levantaré | levantarás | levantará |
| | levantaremos | levantaréis | levantarán |
| 직가: | levantaría | levantarías | levantaría |
| | levantaríamos | levantaríais | levantarían |
| 접현: | levante | levantes | levante |
| | levantemos | levantéis | levanten |
| 접과: | levantara | levantaras | levantara |
| | levantáramos | levantarais | levantaran |

과분/현분: levantado / levantando

▶ No levantes la voz, que no soy sordo.

◎ 목소리를 높이지 마라, 왜냐하면 나는 귀머거리가 아니다.

**0227** **Limpiar** 청소하다, 깨끗하게 하다

| 직현: | limpio | limpias | limpia |
|---|---|---|---|
| | limpiamos | limpiáis | limpian |
| 직과부: | limpié | limpiaste | limpió |
| | limpiamos | limpiasteis | limpiaron |
| 직과불: | limpiaba | limpiabas | limpiaba |
| | limpiábamos | limpiabais | limpiaban |
| 직미: | limpiaré | limpiarás | limpiará |
| | limpiaremos | limpiaréis | limpiarán |
| 직가: | limpiaría | limpiarías | limpiaría |
| | limpiaríamos | limpiaríais | limpiarían |
| 접현: | limpie | limpies | limpie |
| | limpiemos | limpiéis | limpien |
| 접과: | limpiara | limpiaras | limpiara |
| | limpiáramos | limpiarais | limpiaran |
| 과분/현분: | limpiado / limpiando | | |

▶ Limpias una vez tu habitación.

◐ 한 번 네 방을 청소해라.

`0228` **Llamar** 부르다, 구원을 청하다, 전화하다

| 직현: | llamo | llamas | llama |
| | llamamos | llamáis | llaman |
| 직과부: | llamé | llamaste | llamó |
| | llamamos | llamasteis | llamaron |
| 직과불: | llamaba | llamabas | llamaba |
| | llamábamos | llamabais | llamaban |
| 직미: | llamaré | llamarás | llamará |
| | llamaremos | llamaréis | llamarán |
| 직가: | llamaría | llamarías | llamaría |
| | llamaríamos | llamaríais | llamarían |
| 접현: | llame | llames | llame |
| | llamemos | llaméis | llamen |
| 접과: | llamara | llamaras | llamara |
| | llamáramos | llamarais | llamaran |

과분/현분: llamado / llamando

▶ Tenemos que llamar a una grúa.

  ◐ 우리는 견인차를 불러야만 한다.

### 0229 **llegar** 도착하다, 닿다

| 직현: | llego | llegas | llega |
|---|---|---|---|
| | llegamos | llegáis | llegan |
| 직과부: | llegué | llegaste | llegó |
| | llegamos | llegasteis | llegaron |
| 직과불: | llegaba | llegabas | llegaba |
| | llegábamos | llegabais | llegaban |
| 직미: | llegaré | llegarás | llegará |
| | llegaremos | llegaréis | llegarán |
| 직가: | llegaría | llegarías | llegaría |
| | llegaríamos | llegaríais | llegarían |
| 접현: | llegue | llegues | llegue |
| | lleguemos | lleguéis | lleguen |
| 접과: | llegara | llegaras | llegara |
| | llegáramos | llegarais | llegaran |
| 과분/현분: | llegado / llegando | | |

▶ Claro que ella llega a tiempo.

◉ 분명히 그녀는 정시에 도착한다.

## 0230 **llenar** 가득 채우다, 메우다

| 직현: | lleno | llenas | llena |
|---|---|---|---|
| | llenamos | llenáis | llenan |
| 직과부: | llené | llenaste | llenó |
| | llenamos | llenasteis | llenaron |
| 직과불: | llenaba | llenabas | llenaba |
| | llenábamos | llenabais | llenaban |
| 직미: | llenaré | llenarás | llenará |
| | llenaremos | llenaréis | llenarán |
| 직가: | llenaría | llenarías | llenaría |
| | llenaríamos | llenaríais | llenarían |
| 접현: | llene | llenes | llene |
| | llenemos | llenéis | llenen |
| 접과: | llenara | llenaras | llenara |
| | llenáramos | llenarai | llenaran |

과분/현분: llenado / llenando

▶ Lléname la copa, que quiero emborracharme.

　◎ 내 잔을 채워라, 왜냐하면 나는 취하고 싶기 때문이다.

**0231 llevar** 지니다, 지니고 있다, 휴대하고 있다

| 직현: | llevo | llevas | lleva |
|---|---|---|---|
| | llevamos | lleváis | llevan |
| 직과부: | llevé | llevaste | llevó |
| | llevamos | llevasteis | llevaron |
| 직과불: | llevaba | llevabas | llevaba |
| | llevábamos | llevabais | llevaban |
| 직미: | llevaré | llevarás | llevará |
| | llevaremos | llevaréis | llevarán |
| 직가: | llevaría | llevarías | llevaría |
| | llevaríamos | llevaríais | llevarían |
| 접현: | lleve | lleves | lleve |
| | llevemos | llevéis | lleven |
| 접과: | llevara | llevaras | llevara |
| | lleváramos | llevarais | llevaran |
| 과분/현분: | llevado / llevando | | |

▶ Es mejor llevar aspirinas por si acaso.

　　◐ 만일을 위해서 아스피린을 가져가는 것이 더 좋을 것이다.

0232 **Llover** 비가 내리다, 비가 오다

※ 날씨는 3인칭 단수만 사용된다.

직현: llueve

직과부: llovió

직과불: llovía

직미: lloverá

직가: llovería

접현: llueva

접과: lloviera

과분/현분: llovido / lloviendo

▶ Este verano no ha llovido mucho.

◎ 이번 여름에는 비가 많이 오지 않았다.

## 0233 **Mandar** 명령하다, 지시하다; 보내다

| 직현: | mando | mandas | manda |
| --- | --- | --- | --- |
| | mandamos | mandáis | mandan |
| 직과부: | mandé | mandaste | mandó |
| | mandamos | mandasteis | mandaron |
| 직과불: | mandaba | mandabas | mandaba |
| | mandábamos | mandabais | mandaban |
| 직미: | mandaré | mandarás | mandará |
| | mandaremos | mandaréis | mandarán |
| 직가: | mandaría | mandarías | mandaría |
| | mandaríamos | mandaríais | mandarían |
| 접현: | mande | mandes | mande |
| | mandemos | mandéis | manden |
| 접과: | mandara | mandaras | mandara |
| | mandáramos | mandarais | mandaran |

과분/현분: mandado / mandando

▶ Te he **mandado** el paquete por avión.

　◎ 나는 네게 항공 소포를 보냈다.

## 0234 **Matar** 죽이다, 살해하다

| 직현: | mato | matas | mata |
| | matamos | matáis | matan |
| 직과부: | maté | mataste | mató |
| | matamos | matasteis | mataron |
| 직과불: | mataba | matabas | mataba |
| | matábamos | matabais | mataban |
| 직미: | mataré | matarás | matará |
| | mataremos | mataréis | matarán |
| 직가: | mataría | matarías | mataría |
| | mataríamos | mataríais | matarían |
| 접현: | mate | mates | mate |
| | matemos | matéis | maten |
| 접과: | matara | mataras | matara |
| | matáramos | matarais | mataran |

과분/현분: matado / matando

▶ No **mataréis**.

　◐ 너희들은 죽이지 말지어다.

## 0235 **Mirar** 바라보다, 시선을 향하다

| 직현: | miro | miras | mira |
|---|---|---|---|
| | miramos | miráis | miran |
| 직과부: | miré | miraste | miró |
| | miramos | mirasteis | miraron |
| 직과불: | miraba | mirabas | miraba |
| | mirábamos | mirabais | miraban |
| 직미: | miraré | mirarás | mirará |
| | miraremos | miraréis | mirarán |
| 직가: | miraría | mirarías | miraría |
| | miraríamos | miraríais | mirarían |
| 접현: | mire | mires | mire |
| | miremos | miréis | miren |
| 접과: | mirara | miraras | mirara |
| | miráramos | mirarais | miraran |
| 과분/현분: | mirado / mirando | | |

▶ Estoy mirando los televisores nuevos.

◉ 나는 새로운 텔레비전들을 보고 있다.

## 0236 **Morir** 죽다, 사망하다

| 직현: | muero | mueres | muere |
|---|---|---|---|
| | morimos | morís | mueren |
| 직과부: | morí | moriste | murió |
| | morimos | moristeis | murieron |
| 직과불: | moría | morías | moría |
| | moríamos | moríais | morían |
| 직미: | moriré | morirás | morirá |
| | moriremos | moriréis | morirán |
| 직가: | moriría | morirías | moriría |
| | moriríamos | moriríais | morirían |
| 접현: | muera | mueras | muera |
| | muramos | muráis | mueran |
| 접과: | muriera | murieras | muriera |
| | muriéramos | murierais | murieran |
| 과분/현분: | muerto / muriendo | | |

▶ Él murió de infarto hace unos tres meses.

  ◑ 그는 약 3개월 전에 심근경색으로 죽었다.

**0237** **Mostrar** 보이다, 보여 주다, 보이게 놓다,

| 직현: | muestro | muestras | muestra |
|---|---|---|---|
| | mostramos | mostráis | muestran |
| 직과부: | mostré | mostraste | mostró |
| | mostramos | mostrasteis | mostraron |
| 직과불: | mostraba | mostrabas | mostraba |
| | mostrábamos | mostrabais | mostraban |
| 직미: | mostraré | mostrarás | mostrará |
| | mostraremos | mostraréis | mostrarán |
| 직가: | mostraría | mostrarías | mostraría |
| | mostraríamos | mostraríais | mostrarían |
| 접현: | muestre | muestres | muestre |
| | mostremos | mostréis | muestren |
| 접과: | mostrara | mostraras | mostrara |
| | mostráramos | mostrarais | mostraran |

과분/현분: mostrado / mostrando

▶ Ella mostró un gesto de alegría.

◎ 그녀는 기쁨의 몸짓을 보여주었다.

**0238** **Nacer** 태어나다, 탄생하다

| 직현: | nazco | naces | nace |
|---|---|---|---|
| | nacemos | nacéis | nacen |
| 직과부: | nací | naciste | nació |
| | nacimos | nacisteis | nacieron |
| 직과불: | nacía | nacías | nacía |
| | nacíamos | nacíais | nacían |
| 직미: | naceré | nacerás | nacerá |
| | naceremos | naceréis | nacerán |
| 직가: | nacería | nacerías | nacería |
| | naceríamos | naceríais | nacerían |
| 접현: | nazca | nazcas | nazca |
| | nazcamos | nazcáis | nazcan |
| 접과: | naciera | nacieras | naciera |
| | naciéramos | nacierais | nacieran |

과분/현분: nacido / naciendo

▶ Nací en 1952, cuando ya casi había acabado la Guerra Civil de Corea.

◐ 이미 한국 전쟁이 끝났을 1952년 무렵, 나는 태어났다.

## 0239 **Necesitar** 필요로 하다, …할 필요가 있다

| 직현: | necesito | necesitas | necesita |
| --- | --- | --- | --- |
| | necesitamos | necesitáis | necesitan |
| 직과부: | necesité | necesitaste | necesitó |
| | necesitamos | necesitasteis | necesitaron |
| 직과불: | necesitaba | necesitabas | necesitaba |
| | necesitábamos | necesitabais | necesitaban |
| 직미: | necesitaré | necesitarás | necesitará |
| | necesitaremos | necesitaréis | necesitarán |
| 직가: | necesitaría | necesitarías | necesitaría |
| | necesitaríamos | necesitaríais | necesitarían |
| 접현: | necesite | necesites | necesite |
| | necesitemos | necesitéis | necesiten |
| 접과: | necesitara | necesitaras | necesitara |
| | necesitáramos | necesitarais | necesitaran |

과분/현분: necesitado / necesitando

▶ Necesito tu ayuda. ¿Puedo contar contigo?

　◎ 나는 너의 도움이 필요해. 너와 이야기 할 수 있을까?

`0240` **Nevar** 눈이 내리다, 눈이 오다

※ 날씨는 3인칭 단수만 사용된다.

직현: nieva

직과부: nevó

직과불: nevaba

직미: nevará

직가: nevaría

접현: nieve

접과: nevara

과분/현분: nevado / nevando

▶ En invierno nieva mucho en mi tierra.

  ◎ 겨울에 나의 고향에는 많은 눈이 내린다.

**0241** **Obligar** 강요하다, 강제하다, 강권하다

| 직현: | obligo | obligas | obliga |
| | obligamos | obligáis | obligan |
| 직과부: | obligué | obligaste | obligó |
| | obligamos | obligasteis | obligaron |
| 직과불: | obligaba | obligabas | obligaba |
| | obligábamos | obligabais | obligaban |
| 직미: | obligaré | obligarás | obligará |
| | obligaremos | obligaréis | obligarán |
| 직갸: | obligaría | obligarías | obligaría |
| | obligaríamos | obligaríais | obligarían |
| 접현: | obligue | obligues | obligue |
| | obliguemos | obliguéis | obliguen |
| 접과: | obligara | obligaras | obligara |
| | obligáramos | obligarais | obligaran |
| 과분/현분: | obligado / obligando | | |

▶ No me obligues a mentir.

  ◑ 나에게 거짓말을 강요하지 말아라.

**0242** **Ocultar** 감추다, 숨기다, 은닉하다, 은폐시키다

| 직현: | oculto | ocultas | oculta |
| --- | --- | --- | --- |
| | ocultamos | ocultáis | ocultan |
| 직과부: | oculté | ocultaste | ocultó |
| | ocultamos | ocultasteis | ocultaron |
| 직과불: | ocultaba | ocultabas | ocultaba |
| | ocultábamos | ocultabais | ocultaban |
| 직미: | ocultaré | ocultarás | ocultará |
| | ocultaremos | ocultaréis | ocultarán |
| 직가: | ocultaría | ocultarías | ocultaría |
| | ocultaríamos | ocultaríais | ocultarían |
| 접현: | oculte | ocultes | oculte |
| | ocultemos | ocultéis | oculten |
| 접과: | ocultara | ocultaras | ocultara |
| | ocultáramos | ocultarais | ocultaran |

과분/현분: ocultado / ocultando

▶ No te oculto nada porque me confío en ti.

◉ 나는 네게 아무것도 숨기지 않는다. 왜냐하면 나는 널 신임하기 때문이다.

**0243** **Ocurrir** 일어나다, 생기다, 발생하다

| 직현: | ocurro | ocurres | ocurre |
|---|---|---|---|
| | ocurrimos | ocurrís | ocurren |
| 직과부: | ocurrí | ocurriste | ocurrió |
| | ocurrimos | ocurristeis | ocurrieron |
| 직과불: | ocurría | ocurrías | ocurría |
| | ocurríamos | ocurríais | ocurrían |
| 직미: | ocurriré | ocurrirás | ocurrirá |
| | ocurriremos | ocurriréis | ocurrirán |
| 직가: | ocurriría | ocurrirías | ocurriría |
| | ocurriríamos | ocurriríais | ocurrirían |
| 접현: | ocurra | ocurras | ocurra |
| | ocurramos | ocurráis | ocurran |
| 접과: | ocurriera | ocurrieras | ocurriera |
| | ocurriéramos | ocurrierais | ocurrieran |

과분/현분: occurrido / ocurriendo

▶ Ha ocurrido un accidente terrible en el que se han muerto veinte personas.

◉ 끔직한 사고가 발생했다. 그 사고에서 20명의 사람이 죽었다.

**0244** **Oler** 냄새를 맡다, 탐색하다, 남의 뒤를 캐다

| 직현: | huelo | hueles | huele |
|---|---|---|---|
| | olemos | oléis | huelen |
| 직과부: | olí | oliste | olió |
| | olimos | olisteis | olieron |
| 직과불: | olía | olías | olía |
| | olíamos | olíais | olían |
| 직미: | oleré | olerás | olerá |
| | oleremos | oleréis | olerán |
| 직가: | olería | olerías | olería |
| | oleríamos | oleríais | olerían |
| 접현: | huela | huelas | huela |
| | olamos | oláis | huelan |
| 접과: | oliera | olieras | oliera |
| | oliéramos | olierais | olieran |

과분/현분: olido / oliendo

▶ Huelo un perfume que me suena mucho.

   ◐ 난 나에게 많이 풍기는 향(수)를 냄새 맡는다.

## 0245 **Olvidar** 잊다, 망각하다, 잊어 버리다

| 직현: | olvido | olvidas | olvida |
| | olvidamos | olvidáis | olvidan |
| 직과부: | olvidé | olvidaste | olvidó |
| | olvidamos | olvidasteis | olvidaron |
| 직과불: | olvidaba | olvidabas | olvidaba |
| | olvidábamos | olvidabais | olvidaban |
| 직미: | olvidaré | olvidarás | olvidará |
| | olvidaremos | olvidaréis | olvidarán |
| 직가: | olvidaría | olvidarías | olvidaría |
| | olvidaríamos | olvidaríais | olvidarían |
| 접현: | olvide | olvides | olvide |
| | olvidemos | olvidéis | olviden |
| 접과: | olvidara | olvidaras | olvidara |
| | olvidáramos | olvidarais | olvidaran |

과분/현분: olvidado / olvidando

▶ No he olvidado nuestra cita de modo que cálmate

◎ 나는 우리의 약속을 잊지 않았으니 진정해라.

## 0246 **Ordenar** 정리하다, 정돈하다, 가지런히 하다

| 직현: | ordeno | ordenas | ordena |
| --- | --- | --- | --- |
| | ordenamos | ordenáis | ordenan |
| 직과부: | ordené | ordenaste | ordenó |
| | ordenamos | ordenasteis | ordenaron |
| 직과불: | ordenaba | ordenabas | ordenaba |
| | ordenábamos | ordenabais | ordenaban |
| 직미: | ordenaré | ordenarás | ordenará |
| | ordenaremos | ordenaréis | ordenarán |
| 직가: | ordenaría | ordenarías | ordenaría |
| | ordenaríamos | ordenaríais | ordenarían |
| 접현: | ordene | ordenes | ordene |
| | ordenemos | ordenéis | ordenen |
| 접과: | ordenara | ordenaras | ordenara |
| | ordenáramos | ordenarais | ordenaran |

과분/현부: ordenado / ordenando

▶ Tengo que ordenar mi cajón, que está en un desorden total.

    ◐ 나는 나의 서랍을 정리 해야만 한다, 왜냐하면 완전히 어수선한 상태이기 때문이다.

**0247** **Pagar** 지불하다, 내다

| 직현: | pago | pagas | paga |
| | pagamos | pagáis | pagan |
| 직과부: | pagué | pagaste | pagó |
| | pagamos | pagasteis | pagaron |
| 직과불: | pagaba | pagabas | pagaba |
| | pagábamos | pagabais | pagaban |
| 직미: | pagaré | pagarás | pagará |
| | pagaremos | pagaréis | pagarán |
| 직가: | pagaría | pagarías | pagaría |
| | pagaríamos | pagaríais | pagarían |
| 접현: | pague | pagues | pague |
| | paguemos | paguéis | paguen |
| 접과: | pagara | pagaras | pagara |
| | pagáramos | pagarais | pagaran |
| 과분/현분: | pagado / pagando | | |

▶ Después de pagar el billete me miró ella.

◎ 표값을 지불한 후에 그녀가 나를 쳐다봤다.

## `0248` **Pasar** 통과시키다, 지나가게 하다

| 직현: | paso | pasas | pasa |
|---|---|---|---|
| | pasamos | pasáis | pasan |
| 직과부: | pasé | pasaste | pasó |
| | pasamos | pasasteis | pasaron |
| 직과불: | pasaba | pasabas | pasaba |
| | pasábamos | pasabais | pasaban |
| 직미: | pasaré | pasarás | pasará |
| | pasaremos | pasaréis | pasarán |
| 직가: | pasaría | pasarías | pasaría |
| | pasaríamos | pasaríais | pasarían |
| 접현: | pase | pases | pase |
| | pasemos | paséis | pasen |
| 접과: | pasara | pasaras | pasara |
| | pasáramos | pasarais | pasaran |

과뷰/현분: pasado / pasando

▶ Pude pasar el puente sin accidente afortunadamente.

◐ 운 좋게도 사고 없이 다리를 건널 수 있었다.

**0249** **Pasear** 산책하다

| 직현: | paseo | paseas | pasea |
| | paseamos | paseáis | pasean |
| 직과부 | paseé | paseaste | paseó |
| | paseamos | paseasteis | pasearon |
| 직과불: | paseaba | paseabas | paseaba |
| | paseábamos | paseabais | paseaban |
| 직미: | pasearé | pasearás | paseará |
| | pasearemos | pasearéis | pasearán |
| 직갸: | pasearía | pasearías | pasearía |
| | pasearíamos | pasearíais | pasearían |
| 접현: | pasee | pasees | pasee |
| | paseemos | paseéis | paseen |
| 접과: | paseara | pasearas | paseara |
| | paseáramos | pasearais | pasearan |
| 과분/현분: | paseado / paseando | | |

▶ Todos los días paseo por ese barrio.

◉ 매일 그 지역에서 산책한다.

## 0250 **Pedir** 부탁하다, 요구하다

| 직현: | pido | pides | pide |
|---|---|---|---|
| | pedimos | pedís | piden |
| 직과부: | pedí | pediste | pidió |
| | pedimos | pedisteis | pidieron |
| 직과불: | pedía | pedías | pedía |
| | pedíamos | pedíais | pedían |
| 직미: | pediré | pedirás | pedirá |
| | pediremos | pediréis | pedirán |
| 직가: | pediría | pedirías | pediría |
| | pediríamos | pediríais | pedirían |
| 접현: | pida | pidas | pida |
| | pidamos | pidáis | pidan |
| 접과: | pidiera | pidieras | pidiera |
| | pidiéramos | pidierais | pidieran |

과분/현분:  pedido / pidiendo

▶ Le pido diez cajas urgentemente.

◐ 난 그(녀)에게 급하게 열 상자를 요구한다.

## 0251 **Pensar** 생각하다

| 직현: | pienso | piensas | piensa |
|---|---|---|---|
| | pensamos | pensáis | piensan |
| 직과부: | pensé | pensaste | pensó |
| | pensamos | pensasteis | pensaron |
| 직과불: | pensaba | pensabas | pensaba |
| | pensábamos | pensabais | pensaban |
| 직미: | pensaré | pensarás | pensará |
| | pensaremos | pensaréis | pensarán |
| 직가: | pensaría | pensarías | pensaría |
| | pensaríamos | pensaríais | pensarían |
| 접현: | piense | pienses | piense |
| | pensemos | penséis | piensen |
| 접과: | pensara | pensaras | pensara |
| | pensáramos | pensarais | pensaran |
| 과분/현분: | pensado / pensando | | |

▶ Pienso que es mejor irte mañana.

　◐ 너는 내일 가는 것이 더 좋다고 생각한다.

| 0252 | **Perder** 잃다, 놓치다 |

| 직현: | pierdo | pierdes | pierde |
| | perdemos | perdéis | pierden |
| 직과부: | perdí | perdiste | perdió |
| | perdimos | perdisteis | perdieron |
| 직과불: | perdía | perdías | perdía |
| | perdíamos | perdíais | perdían |
| 직미: | perderé | perderás | perderá |
| | perderemos | perderéis | perderán |
| 직가: | perdería | perderías | perdería |
| | perderíamos | perderíais | perderían |
| 접현: | pierda | pierdas | pierda |
| | perdamos | perdáis | pierdan |
| 접과: | perdiera | perdieras | perdiera |
| | perdiéramos | perdierais | perdieran |
| 과분/현분: | perdido / perdiendo | | |

▶ Esta mañana he perdido el avión para Nueva York.

◐ 오늘 아침에 뉴욕으로 가는 비행기를 놓쳤다.

**0253** **Pintar** 그림 그리다, 색칠하다

| 직현: | pinto | pintas | pinta |
| | pintamos | pintáis | pintan |
| 직과부: | pinté | pintaste | pintó |
| | pintamos | pintasteis | pintaron |
| 직과불: | pintaba | pintabas | pintaba |
| | pintábamos | pintabais | pintaban |
| 직미: | pintaré | pintarás | pintará |
| | pintaremos | pintaréis | pintarán |
| 직가: | pintaría | pintarías | pintaría |
| | pintaríamos | pintaríais | pintarían |
| 접현: | pinte | pintes | pinte |
| | pintemos | pintéis | pinten |
| 접과: | pintara | pintaras | pintara |
| | pintáramos | pintarais | pintaran |

과분/현분: pintado / pintando

▶ ¿Quién ha pintado este cuadro que representa el horror de guerra?

◉ 전쟁의 공포를 표현한 이 그림을 누가 그렸나요?

### 0254 **Poder** ~할 수 있다, ~ 가능하다

| 직현: | puedo | puedes | puede |
|---|---|---|---|
| | podemos | podéis | pueden |
| 직과부: | pude | pudiste | pudo |
| | pudimos | pudisteis | pudieron |
| 직과불: | podía | podías | podía |
| | podíamos | podíais | podían |
| 직미: | podré | podrás | podrá |
| | podremos | podréis | podrán |
| 직가: | podría | podrías | podría |
| | podríamos | podríais | podrían |
| 접현: | pueda | puedas | pueda |
| | podamos | podáis | puedan |
| 접과: | pudiera | pudieras | pudiera |
| | pudiéramos | pudierais | pudieran |

과분/현분: podido / pudiendo

▶ Si no puedes lo que quieres, quiere lo que puedas.

◉ 만약 좋아하는 것을 할 수 없다면, 할 수 있는 것을 좋아해라.

**0255** **Poner** 놓다   ※ ponerse 옷을 입다; ~로 바꾸다

| | | |
|---|---|---|
| 직현: | pongo | pones | pone |
| | ponemos | ponéis | ponen |
| 직과부: | puse | pusiste | puso |
| | pusimos | pusisteis | pusieron |
| 직과불: | ponía | ponías | ponía |
| | poníamos | poníais | ponían |
| 직미: | pondré | pondrás | pondrá |
| | pondremos | pondréis | pondrán |
| 직가: | pondría | pondrías | pondría |
| | pondríamos | pondríais | pondrían |
| 접현: | ponga | pongas | ponga |
| | pongamos | pongáis | pongan |
| 접과: | pusiera | pusieras | pusiera |
| | pusiéramos | pusierais | pusieran |
| 과분/현분: | puesto / poniendo | | |

▶ No lo **pongas** en duda que es más claro que agua.

　◎ 그것을 의심하지마라, 그것은 물보다 더 맑다.

## 0256 **Preferir** ~을 더 좋아하다, 선호하다

| 직현: | prefiero | prefieres | prefiere |
| --- | --- | --- | --- |
| | preferimos | preferís | prefieren |
| 직과부: | preferí | preferiste | prefirió |
| | preferimos | preferisteis | prefirieron |
| 직과불: | prefería | preferías | prefería |
| | preferíamos | preferíais | preferían |
| 직미: | preferiré | preferirás | preferirá |
| | preferiremos | preferiréis | preferirán |
| 직가: | preferiría | preferirías | preferiría |
| | preferiríamos | preferiríais | preferirían |
| 접현: | prefiera | prefieras | prefiera |
| | prefiramos | prefiráis | prefieran |
| 접과: | prefiriera | prefirieras | prefiriera |
| | prefiriéramos | prefirierais | prefirieran |
| 과분/현분: | preferido / prefiriendo | | |

▶ Prefiero el vino al wisky.

   ◐ 위스키보다 와인을 더 좋아한다.

## `0257` **Preguntar** 질문하다, 물어보다

| 직현: | pregunto | preguntas | pregunta |
| | preguntamos | preguntáis | preguntan |
| 직과부: | pregunté | preguntaste | preguntó |
| | preguntamos | preguntasteis | preguntaron |
| 직과불: | preguntaba | preguntabas | preguntaba |
| | preguntábamos | preguntabais | preguntaban |
| 직미: | preguntaré | preguntarás | preguntará |
| | preguntaremos | preguntaréis | preguntarán |
| 직가: | preguntaría | preguntarías | preguntaría |
| | preguntaríamos | preguntaríais | preguntarían |
| 접현: | pregunte | preguntes | pregunte |
| | preguntemos | preguntéis | pregunten |
| 접과: | preguntara | preguntaras | preguntara |
| | preguntáramos | preguntarais | preguntaran |

과분/현분:  preguntado / preguntando

▶ El fiscal está preguntando del delito severamente.

◎ 그 검사는 호되게 그 범죄에 대해 질문 하고 있다.

**0258** **Preocupar** 걱정시키다, 마음을 사로잡다

| 직현: | preocupo | preocupas | preocupa |
|---|---|---|---|
| | preocupamos | preocupáis | preocupan |
| 직과부: | preocupé | preocupaste | preocupó |
| | preocupamos | preocupasteis | preocuparon |
| 직과불: | preocupaba | preocupabas | preocupaba |
| | preocupábamos | preocupabais | preocupaban |
| 직미: | preocuparé | preocuparás | preocupará |
| | preocuparemos | preocuparéis | preocuparán |
| 직가: | preocuparía | preocuparías | preocuparía |
| | preocuparíamos | preocuparíais | preocuparían |
| 접현: | preocupe | preocupes | preocupe |
| | preocupemos | preocupéis | preocupen |
| 접과: | preocupara | preocuparas | preocupara |
| | preocupáramos | preocuparais | preocuparan |

과분/현분: preocupado / preocupando

▶ Me preocupo por ti porque te portas como quieres.

○ 난 네가 걱정이다. 왜냐하면 넌 원하는대로 행동하기 때문이다.

**0259** **Preparar** 준비하다, 마련하다

| | | |
|---|---|---|
| 직현: | preparo | preparas | prepara |
| | preparamos | preparáis | preparan |
| 직과부: | preparé | preparaste | preparó |
| | preparamos | preparasteis | prepararon |
| 직과불: | preparaba | preparabas | preparaba |
| | preparábamos | preparabais | preparaban |
| 직미: | prepararé | prepararás | preparará |
| | prepararemos | prepararéis | prepararán |
| 직가: | prepararía | prepararías | prepararía |
| | prepararíamos | prepararíais | prepararían |
| 접현: | prepare | prepares | prepare |
| | preparemos | preparéis | preparen |
| 접과: | preparara | prepararas | preparara |
| | preparáramos | prepararais | prepararan |

과분/현분: preparado / preparando

▶ Estoy preparando el examen así que no me molestes.

◑ 나는 시험을 준비하고 있으니 날 귀찮게 하지 마라.

### 0260 **Presentar** 소개하다, 제출하다

| 직현: | presento | presentas | presenta |
|---|---|---|---|
| | presentamos | presentáis | presentan |
| 직과부: | presenté | presentaste | presentó |
| | presentamos | presentasteis | presentaron |
| 직과불: | presentaba | presentabas | presentaba |
| | presentábamos | presentabais | presentaban |
| 직미: | presentaré | presentarás | presentará |
| | presentaremos | presentaréis | presentarán |
| 직가: | presentaría | presentarías | presentaría |
| | presentaríamos | presentaríais | presentarían |
| 접현: | presente | presentes | presente |
| | presentemos | presentéis | presenten |
| 접과: | presentara | presentaras | presentara |
| | presentáramos | presentarais | presentaran |

과분/현분: presentado / presentando

▶ Voy a presentar una reclamación detallando todo lo currido.

 ○ 난 일어났던 모든 것을 상세히 묘사하면서 항의할 것이다.

## 0261 **Quedar** 남기다, 어울리다

| 직현: | quedo | quedas | queda |
| | quedamos | quedáis | quedan |
| 직과부: | quedé | quedaste | quedó |
| | quedamos | quedasteis | quedaron |
| 직과불: | quedaba | quedabas | quedaba |
| | quedábamos | quedabais | quedaban |
| 직미: | quedaré | quedarás | quedará |
| | quedaremos | quedaréis | quedarán |
| 직가: | quedaría | quedarías | quedaría |
| | quedaríamos | quedaríais | quedarían |
| 접현: | quede | quedes | quede |
| | quedemos | quedéis | queden |
| 접과: | quedara | quedaras | quedara |
| | quedáramos | quedarais | quedaran |

과분/현분:  quedado / quedando

▶ Me queda poco dinero de manera que no puedo gastar tanto en eso.

◐ 난 돈이 거의 남지 않았기 때문에 그 일에 그러한 돈을 쓸 수 없다.

## 0262 **Quemar** 태우다, 굽다

| 직현: | quemo | quemas | quema |
|---|---|---|---|
| | quemamos | quemáis | queman |
| 직과부: | quemé | quemaste | quemó |
| | quemamos | quemasteis | quemaron |
| 직과불: | quemaba | quemabas | quemaba |
| | quemábamos | quemabais | quemaban |
| 직미: | quemaré | quemarás | quemará |
| | quemaremos | quemaréis | quemarán |
| 직가: | quemaría | quemarías | quemaría |
| | quemaríamos | quemaríais | quemarían |
| 접현: | queme | quemes | queme |
| | quememos | queméis | quemen |
| 접과: | quemara | quemaras | quemara |
| | quemáramos | quemarais | quemaran |

과분/현분: quemado / quemando

▶ Ella ha quemado todas las fotos que tenía.

　◐ 그녀는 가지고 있었던 모든 사진들을 태웠다.

## `0263` **Querer** 좋아하다, 원하다

| 직현: | quiero | quieres | quiere |
|---|---|---|---|
| | queremos | queréis | quieren |
| 직과부: | quise | quisiste | quiso |
| | quisimos | quisisteis | quisieron |
| 직과불: | quería | querías | quería |
| | queríamos | queríais | querían |
| 직미: | querré | querrás | querrá |
| | querremos | querréis | querrán |
| 직가: | querría | querrías | querría |
| | querríamos | querríais | querrían |
| 접현: | quiera | quieras | quiera |
| | queramos | queráis | quieran |
| 접과: | quisiera | quisieras | quisiera |
| | quisiéramos | quisierais | quisieran |

과분/현분: querido / queriendo

▶ Quiero a todos los seres tanto a los hombres como a los animales.
   ◎ 동물과 사람을 포함해 모든 생명체를 좋아한다.

**0264** **Quitar** 제거하다, 치우다, 벗기다; 훔치다

| 직현: | quito | quitas | quita |
|---|---|---|---|
| | quitamos | quitáis | quitan |
| 직과부: | quité | quitaste | quitó |
| | quitamos | quitasteis | quitaron |
| 직과불: | quitaba | quitabas | quitaba |
| | quitábamos | quitabais | quitaban |
| 직미: | quitaré | quitarás | quitará |
| | quitaremos | quitaréis | quitarán |
| 직가: | quitaría | quitarías | quitaría |
| | quitaríamos | quitaríais | quitarían |
| 접현: | quite | quites | quite |
| | quitemos | quitéis | quiten |
| 접과: | quitara | quitaras | quitara |
| | quitáramos | quitarais | quitaran |

과분/현분: quitado / quitando

▶ Esta mañana me han quitado la cartera al coger el autobús.

  ◐ 오늘 아침 버스를 탈 때 지갑이 없어졌다.

## 0265 **Recibir** 받다, 수취하다

| 직현: | recibo | recibes | recibe |
|---|---|---|---|
| | recibimos | recibís | reciben |
| 직과부: | recibí | recibiste | recibió |
| | recibimos | recibisteis | recibieron |
| 직과불: | recibía | recibías | recibía |
| | recibíamos | recibíais | recibían |
| 직미: | recibiré | recibirás | recibirá |
| | recibiremos | recibiréis | recibirán |
| 직가: | recibiría | recibirías | recibiría |
| | recibiríamos | recibiríais | recibirían |
| 접현: | reciba | recibas | reciba |
| | recibamos | recibáis | reciban |
| 접과: | recibiera | recibieras | recibiera |
| | recibiéramos | recibierais | recibieran |

과분/현분: recibido / recibiendo

▶ Hasta ahora no he recibido ninguna carta.

◎ 지금까지 어떤 편지도 받지 않았다.

## 0266 **Recordar** 기억하다

| 직현: | recuerdo | recuerdas | recuerda |
|---|---|---|---|
| | recordamos | recordáis | recuerdan |
| 직과부: | recordé | recordaste | recordó |
| | recordamos | recordasteis | recordaron |
| 직과불: | recordaba | recordabas | recordaba |
| | recordábamos | recordabais | recordaban |
| 직미: | recordaré | recordarás | recordará |
| | recordaremos | recordaréis | recordarán |
| 직가: | recordaría | recordarías | recordaría |
| | recordaríamos | recordaríais | recordarían |
| 접현: | recuerde | recuerdes | recuerde |
| | recordemos | recordéis | recuerden |
| 접과: | recordara | recordaras | recordara |
| | recordáramos | recordarais | recordaran |

과분/현분: recordado / recordando

▶ No recuerdo nada de aquella noche lamentablemente.

　◑ 유감스럽게 그 밤의 어떠한 것도 기억나지 않는다.

## 0267 **Reservar** 예약하다, 보류하다

| | | |
|---|---|---|
| 직현: | reservo | reservas | reserva |
| | reservamos | reserváis | reservan |
| 직과부: | reservé | reservaste | reservó |
| | reservamos | reservasteis | reservaron |
| 직과불: | reservaba | reservabas | reservaba |
| | reservábamos | reservabais | reservaban |
| 직미: | reservaré | reservarás | reservará |
| | reservaremos | reservaréis | reservarán |
| 직가: | reservaría | reservarías | reservaría |
| | reservaríamos | reservaríais | reservarían |
| 접현: | reserve | reserves | reserve |
| | reservemos | reservéis | reserven |
| 접과: | reservara | reservaras | reservara |
| | reserváramos | reservarais | reservaran |

과분/현분: reservado / reservando

▶ ¿ Puede Ud. reservarme una habitación para el lunes que viene?

　◐ 당신은 저를 위해서 다음주 월요일까지 방을 예약해주실 수 있습니까?

## 0268 **Resolver** 해결하다, 풀다; 용해하다

| 직현: | resuelvo | resuelves | resuelve |
|---|---|---|---|
| | resolvemos | resolvéis | resuelven |
| 직과부: | resolví | resolviste | resolvió |
| | resolvimos | resolvisteis | resolvieron |
| 직과불: | resolvía | resolvías | resolvía |
| | resolvíamos | resolvíais | resolvían |
| 직미: | resolveré | resolverás | resolverá |
| | resolveremos | resolveréis | resolverán |
| 직가: | resolvería | resolverías | resolvería |
| | resolveríamos | resolveríais | resolverían |
| 접현: | resuelva | resuelvas | resuelva |
| | resolvamos | resolváis | resuelvan |
| 접과: | resolviera | resolvieras | resolviera |
| | resolviéramos | resolvierais | resolvieran |

과분/현분: resuelto / resolviendo

▶ Puedo resolver el problema yo sola por lo que no te molestes.

◐ 나 혼자 그 문제를 해결할수 있다. 그것때문에 너를 귀찮게 하지 않을 것이다.

`0269` **Reunir** 다시 합하다, 모으다

| 직현: | reúno | reúnes | reúne |
|---|---|---|---|
| | reunimos | reunís | reúnen |
| 직과부: | reuní | reuniste | reunió |
| | reunimos | reunisteis | reunieron |
| 직과불: | reunía | reunías | reunía |
| | reuníamos | reuníais | reunían |
| 직미: | reuniré | reunirás | reunirá |
| | reuniremos | reuniréis | reunirán |
| 직가: | reuniría | reunirías | reuniría |
| | reuniríamos | reuniríais | reunirían |
| 접현: | reúna | reúnas | reúna |
| | reunamos | reunáis | reúnan |
| 접과: | reuniera | reunieras | reuniera |
| | reuniéramos | reunierais | reunieran |
| 과분/현분: | reunido / reuniendo | | |

▶ Este viernes reúne Ud. a todos socios.

◉ 이번 목요일에 당신은 모든 회원을 모아주세요.

## 0270 **Robar** 훔치다, 빼앗다

| 직현: | robo | robas | roba |
|---|---|---|---|
| | robamos | robáis | roban |
| 직과부: | robé | robaste | robó |
| | robamos | robasteis | robaron |
| 직과불: | robaba | robabas | robaba |
| | robábamos | robabais | robaban |
| 직미: | robaré | robarás | robará |
| | robaremos | robaréis | robarán |
| 직가: | robaría | robarías | robaría |
| | robaríamos | robaríais | robarían |
| 접현: | robe | robes | robe |
| | robemos | robéis | roben |
| 접과: | robara | robaras | robara |
| | robáramos | robarais | robaran |

과분/현분: robado / robando

▶ Después de robarme, el ladrón me pegó.

  ◑ 나에게서 도둑질을 한 이후, 그 도둑이 나를 때렸다.

## 0271 **Rogar** 간청하다, 바라다

| 직현: | ruego | ruegas | ruega |
|---|---|---|---|
| | rogamos | rogáis | ruegan |
| 직과부: | rogué | rogaste | rogó |
| | rogamos | rogasteis | rogaron |
| 직과불: | rogaba | rogabas | rogaba |
| | rogábamos | rogabais | rogaban |
| 직미: | rogaré | rogarás | rogará |
| | rogaremos | rogaréis | rogarán |
| 직가: | rogaría | rogarías | rogaría |
| | rogaríamos | rogaríais | rogarían |
| 접현: | ruegue | ruegues | ruegue |
| | roguemos | roguéis | rueguen |
| 접과: | rogara | rogaras | rogara |
| | rogáramos | rogarais | rogaran |
| 과분/현분: | rogado / rogando | | |

▶ Se ruega que mantengan el silencio y apaguen el teléfono móvil.

　◎ 그들이 계속 침묵을 하고 핸드폰을 꺼 놓으라고 요구된다.

0272 **Romper** 쪼개다, 부수다

| 직현: | rompo | rompes | rompe |
|---|---|---|---|
| | rompemos | rompéis | rompen |
| 직과부: | rompí | rompiste | rompió |
| | rompimos | rompisteis | rompieron |
| 직과불: | rompía | rompías | rompía |
| | rompíamos | rompíais | rompían |
| 직미: | romperé | romperás | romperá |
| | romperemos | romperéis | romperán |
| 직가: | rompería | romperías | rompería |
| | romperíamos | romperíais | romperían |
| 접현: | rompa | rompas | rompa |
| | rompamos | rompáis | rompan |
| 접과: | rompiera | rompieras | rompiera |
| | rompiéramos | rompierais | rompieran |

과분/현분: roto / rompiendo

▶ Los niños rompieron el cristal jugando al fútbol.

 ◐ 남자아이들은 축구를 하다가 유리를 깨트렸다.

**0273** **Saber** 알다; ～을 할 줄 안다

| 직현: | sé | sabes | sabe |
|------|----|-------|------|
| | sabemos | sabéis | saben |
| 직과부: | supe | supiste | supo |
| | supimos | supisteis | supieron |
| 직과불: | sabía | sabías | sabía |
| | sabíamos | sabíais | sabían |
| 직미: | sabré | sabrás | sabrá |
| | sabremos | sabréis | sabrán |
| 직가: | sabría | sabrías | sabría |
| | sabríamos | sabríais | sabrían |
| 접현: | sepa | sepas | sepa |
| | sepamos | sepáis | sepan |
| 접과: | supiera | supieras | supiera |
| | supiéramos | supierais | supieran |

과분/현분:  sabido / sabiendo

▶ No sé conducir, por lo tanto no me hace falta el coche.

  ◗ 난 운전을 할 줄 모른다. 그래서 난 차가 필요 없다.

## 0274 **Sacar** 꺼내다, 뽑아내다

| 직현: | saco | sacas | saca |
| --- | --- | --- | --- |
| | sacamos | sacáis | sacan |
| 직과부: | saqué | sacaste | sacó |
| | sacamos | sacasteis | sacaron |
| 직과불: | sacaba | sacabas | sacaba |
| | sacábamos | sacabais | sacaban |
| 직미: | sacaré | sacarás | sacará |
| | sacaremos | sacaréis | sacarán |
| 직가: | sacaría | sacarías | sacaría |
| | sacaríamos | sacaríais | sacarían |
| 접현: | saque | saques | saque |
| | saquemos | saquéis | saquen |
| 접과: | sacara | sacaras | sacara |
| | sacáramos | sacarais | sacaran |

과분/현분:  sacado / sacando

▶ No saque todavía el dinero porque es para la matrícula

de la universidad.

○ 대학 등록금을 위한 것이기 때문에 아직까지 돈을 찾지 마세요.

**0275** **Salir** 나가다, 출발하다

| 직현: | salgo | sales | sale |
| --- | --- | --- | --- |
| | salimos | salís | salen |
| 직과부: | salí | saliste | salió |
| | salimos | salisteis | salieron |
| 직과불: | salía | salías | salía |
| | salíamos | salíais | salían |
| 직미: | saldré | saldrás | saldrá |
| | saldremos | saldréis | saldrán |
| 직가: | saldría | saldrías | saldría |
| | saldríamos | saldríais | saldrían |
| 접현: | salga | salgas | salga |
| | salgamos | salgáis | salgan |
| 접과: | saliera | salieras | saliera |
| | saliéramos | salierais | salieran |
| 과분/현분: | salido / saliendo | | |

▶ Como llueve tanto no *salgas* esta noche.

◉ 비가 많이 오기 때문에, 너는 오늘 밤에 나가지 말아라.

**0276** **Seguir** 따라가다; ～을 계속하다

| 직현: | sigo | sigues | sigue |
| --- | --- | --- | --- |
| | seguimos | seguís | siguen |
| 직과부: | seguí | seguiste | siguió |
| | seguimos | seguisteis | siguieron |
| 직과불: | seguía | seguías | seguía |
| | seguíamos | seguíais | seguían |
| 직미: | seguiré | seguirás | seguirá |
| | seguiremos | seguiréis | seguirán |
| 직가: | seguiría | seguirías | seguiría |
| | seguiríamos | seguiríais | seguirían |
| 접현: | siga | sigas | siga |
| | sigamos | sigáis | sigan |
| 접과: | siguiera | siguieras | siguiera |
| | siguiéramos | siguierais | siguieran |

과분/현분: seguido / siguiendo

▶ Ya no me sigas más puesto que ya no tengo nada que decirte.

◐ 넌 이제 나를 쫓아오지 마라. 왜냐하면 이제 난 네게 말할 것이 없기 때문이다.

## 0277 **Sentar** 앉히다; 적합하다

| 직현: | siento | sientas | sienta |
|---|---|---|---|
| | sentamos | sentáis | sientan |
| 직과부: | senté | sentaste | sentó |
| | sentamos | sentasteis | sentaron |
| 직과불: | sentaba | sentabas | sentaba |
| | sentábamos | sentabais | sentaban |
| 직미: | sentaré | sentarás | sentará |
| | sentaremos | sentaréis | sentarán |
| 직가: | sentaría | sentarías | sentaría |
| | sentaríamos | sentaríais | sentarían |
| 접현: | siente | sientes | siente |
| | sentemos | sentéis | sienten |
| 접과: | sentara | sentaras | sentara |
| | sentáramos | sentarais | sentaran |

과분/현분: sentado / sentando

▶ La siento en mis rodillas para no ceder el asiento a nadie.

    ◑ 누구에게도 자리를 양보하지 않았기에, 나는 그녀를 내 무릎에 앉힌다.

## 0278 **Sentir** 느끼다, 알아채다

| 직현: | siento | sientes | siente |
| | sentimos | sentís | sienten |
| 직과부: | sentí | sentiste | sintió |
| | sentimos | sentisteis | sintieron |
| 직과불: | sentía | sentías | sentía |
| | sentíamos | sentíais | sentían |
| 직미: | sentiré | sentirás | sentirá |
| | sentiremos | sentiréis | sentirán |
| 직가: | sentiría | sentirías | sentiría |
| | sentiríamos | sentiríais | sentirían |
| 접현: | sienta | sientas | sienta |
| | sintamos | sintáis | sientan |
| 접과: | sintiera | sintieras | sintiera |
| | sintiéramos | sintierais | sintieran |

과분/현분: sentido / sintiendo

▶ Siento un cansancio tan terrible que no puedo dormir.

◐ 난 너무도 끔찍한 피곤함을 느껴서 잠을 잘 수 가 없다.

## 0279 **Servir** 시중들다, 봉사하다; ~로 사용하다

| 직현: | sirvo | sirves | sirve |
|---|---|---|---|
| | servimos | servís | sirven |
| 직과부: | serví | serviste | sirvió |
| | servimos | servisteis | sirvieron |
| 직과불: | servía | servías | servía |
| | servíamos | servíais | servían |
| 직미: | serviré | servirás | servirá |
| | serviremos | serviréis | servirán |
| 직가: | serviría | servirías | serviría |
| | serviríamos | serviríais | servirían |
| 접현: | sirva | sirvas | sirva |
| | sirvamos | sirváis | sirvan |
| 접과: | sirviera | sirvieras | sirviera |
| | sirviéramos | sirvierais | sirvieran |

과분/현분: servido / sirviendo

▶ Sírvame una copa.

◉ 나한테 컵 하나 줘.

## 0280 **Subir** 오르다, 높이다

| 직현: | subo | subes | sube |
|---|---|---|---|
| | subimos | subís | suben |
| 직과부: | subí | subiste | subió |
| | subimos | subisteis | subieron |
| 직과불: | subía | subías | subía |
| | subíamos | subíais | subían |
| 직미: | subiré | subirás | subirá |
| | subiremos | subiréis | subirán |
| 직가: | subiría | subirías | subiría |
| | subiríamos | subiríais | subirían |
| 접현: | suba | subas | suba |
| | subamos | subáis | suban |
| 접과: | subiera | subieras | subiera |
| | subiéramos | subierais | subieran |

과분/현분: subido / subiendo

▶ Súbame esa caja por favor con cuidado que es frágil.

　◐ 상자가 깨지기 쉬우니까 제발 조심스럽게 올려놔줘.

## 0281 **Tardar** 지체하다, (시간이) 걸리다

| 직현: | tardo | tardas | tarda |
|---|---|---|---|
| | tardamos | tardáis | tardan |
| 직과부: | tardé | tardaste | tardó |
| | tardamos | tardasteis | tardaron |
| 직과불: | tardaba | tardabas | tardaba |
| | tardábamos | tardabais | tardaban |
| 직미: | tardaré | tardarás | tardará |
| | tardaremos | tardaréis | tardarán |
| 직가: | tardaría | tardarías | tardaría |
| | tardaríamos | tardaríais | tardarían |
| 접현: | tarde | tardes | tarde |
| | tardemos | tardéis | tarden |
| 접과: | tardara | tardaras | tardara |
| | tardáramos | tardarais | tardaran |
| 과분/현분: | tardado / tardando | | |

▶ He tardado una hora en llegar aquí a pie.

   ◐ 걸어서 여기에 도착하는데 한 시간이 걸렸다.

## 0282 **Temer** 두려워하다

| 직현: | temo | temes | teme |
| | tememos | teméis | temen |
| 직과부: | temí | temis | temió |
| | temimos | temisteis | temieron |
| 직과불: | temía | temías | temía |
| | temíamos | temíais | temían |
| 직미: | temeré | temerás | temerá |
| | temeremos | temeréis | temerán |
| 직가: | temería | temerías | temería |
| | temeríamos | temeríais | temerían |
| 접현: | tema | temas | tema |
| | temamos | temáis | teman |
| 접과: | temiera | temieras | temiera |
| | temiéramos | temierais | temieran |

과분/현분: temido / temiendo

▶ No temen el calentamiento de la Tierra.

◉ 그들은 지구온난화를 두려워하지 않는다.

**0283** **tener** 가지다, 소유하다

| 직현: | tengo | tienes | tiene |
|---|---|---|---|
| | tenemos | tenéis | tienen |
| 직과부: | tuve | tuviste | tuvo |
| | tuvimos | tuvisteis | tuvieron |
| 직과불: | tenía | tenías | tenía |
| | teníamos | teníais | tenían |
| 직미: | tendré | tendrás | tendrá |
| | tendremos | tendréis | tendrán |
| 직가: | tendría | tendrías | tendría |
| | tendríamos | tendríais | tendrían |
| 접현: | tenga | tengas | tenga |
| | tengamos | tengáis | tengan |
| 접과: | tuviera | tuvieras | tuviera |
| | tuviéramos | tuvierais | tuvieran |

과분/현분: tenido / teniendo

▶ ¿Tienes otro diccionario?

◎ 너는 다른 사전을 가지고 있니?

## 0284 **terminar** 끝내다, 결말을 내다

| 직현: | termino | terminas | termina |
| --- | --- | --- | --- |
| | terminamos | termináis | terminan |
| 직과부: | terminé | terminaste | terminó |
| | terminamos | terminasteis | terminaron |
| 직과불: | terminaba | terminabas | terminaba |
| | terminábamos | terminabais | terminaban |
| 직미: | terminaré | terminarás | terminará |
| | terminaremos | terminaréis | terminarán |
| 직가: | terminaría | terminarías | terminaría |
| | terminaríamos | terminaríais | terminarían |
| 접현: | termine | termines | termine |
| | terminemos | terminéis | terminen |
| 접과: | terminara | terminaras | terminara |
| | termináramos | terminarais | terminaran |

과분/현분: terminado / terminando

▶ Terminamos los quehaceres.

　◐ 우리는 용건을 끝냈다.

**0285** **tocar** 건드리다, (손을) 대다; (악기를) 연주하다

| 직현: | toco | tocas | toca |
| | tocamos | tocáis | tocan |
| 직과부: | toqué | tocaste | tocó |
| | tocamos | tocasteis | tocaron |
| 직과불: | tocaba | tocabas | tocaba |
| | tocábamos | tocabais | tocaban |
| 직미: | tocaré | tocarás | tocará |
| | tocaremos | tocaréis | tocarán |
| 직가: | tocaría | tocarías | tocaría |
| | tocaríamos | tocaríais | tocarían |
| 접현: | toque | toques | toque |
| | toquemos | toquéis | toquen |
| 접과: | tocara | tocaras | tocara |
| | tocáramos | tocarais | tocaran |
| 과분/현분: | tocado / tocando | | |

▶ No **toques** el horno.

　◎ 오븐을 건드리지 마라.

## 0286 **tomar** 잡다, 쥐다; 먹다

| 직현: | tomo | tomas | toma |
| --- | --- | --- | --- |
| | tomamos | tomáis | toman |
| 직과부: | tomé | tomaste | tomó |
| | tomamos | tomasteis | tomaron |
| 직과불: | tomaba | tomabas | tomaba |
| | tomábamos | tomabais | tomaban |
| 직미: | tomaré | tomarás | tomará |
| | tomaremos | tomaréis | tomarán |
| 직가: | tomaría | tomarías | tomaría |
| | tomaríamos | tomaríais | tomarían |
| 접현: | tome | tomes | tome |
| | tomemos | toméis | tomen |
| 접과: | tomara | tomaras | tomara |
| | tomáramos | tomarais | tomaran |

과분/현분: tomado / tomando

▶ Tome cuando Ud. quiera.

　◉ 당신이 가지고 싶을 때 가지세요.

**0287** **trabajar** 일하다, 근무하다; 공부하다

| | | |
|---|---|---|
| 직현: | trabajo | trabajas | trabaja |
| | trabajamos | trabajáis | trabajan |
| 직과부: | trabajé | trabajaste | trabajó |
| | trabajamos | trabajasteis | trabajaron |
| 직과불: | trabajaba | trabajabas | trabajaba |
| | trabajábamos | trabajabais | trabajaban |
| 직미: | trabajaré | trabajarás | trabajará |
| | trabajaremos | trabajaréis | trabajarán |
| 직가: | trabajaría | trabajarías | trabajaría |
| | trabajaríamos | trabajaríais | trabajarían |
| 접현: | trabaje | trabajes | trabaje |
| | trabajemos | trabajéis | trabajen |
| 접과: | trabajara | trabajaras | trabajara |
| | trabajáramos | trabajarais | trabajaran |

과분/현분: trabajado / trabajando

▶ Trabaja de profesor.

　◎ 그는 교수로 일한다.

## 0288 **traducir** 번역하다, 통역하다

| 직현: | traduzco | traduces | traduce |
| | traducimos | traducís | traducen |
| 직과부: | traduje | tradujiste | tradujo |
| | tradujimos | tradujisteis | tradujeron |
| 직과불: | traducía | traducías | traducía |
| | traducíamos | traducíais | traducían |
| 직미: | traduciré | traducirás | traducirá |
| | traduciremos | traduciréis | traducirán |
| 직가: | traduciría | traducirías | traduciría |
| | traduciríamos | traduciríais | traducirían |
| 접현: | traduzca | traduzcas | traduzca |
| | traduzcamos | traduzcáis | traduzcan |
| 접과: | tradujera | tradujeras | tradujera |
| | tradujéramos | tradujerais | tradujeran |

과분/현분: traducido / traduciendo

▶ Traduzca este correo del inglés al español.

  ◐ 이 우편물을 영어에서 스페인어로 번역해주세요.

**0289** **traer** 가져오다, 데려오다

| 직현: | traigo | traes | trae |
|---|---|---|---|
| | traemos | traéis | traen |
| 직과부: | traje | trajiste | trajo |
| | trajimos | trajisteis | trajeron |
| 직과불: | traía | traías | traía |
| | traíamos | traíais | traían |
| 직미: | traeré | traerás | traerá |
| | traeremos | traeréis | traerán |
| 직가: | traería | traerías | traería |
| | traeríamos | traeríais | traerían |
| 접현: | traiga | traigas | traiga |
| | traigamos | traigáis | traigan |
| 접과: | trajera | trajeras | trajera |
| | trajéramos | trajerais | trajeran |
| 과분/현분: | traído / trayendo | | |

▶ Se lo traigo.

◯ 난 그것을 그(녀)에게 가져온다.

## 0290 **tratar** 다루다, 취급하다

| 직현: | trato | tratas | trata |
| --- | --- | --- | --- |
| | tratamos | tratáis | tratan |
| 직과부: | traté | trataste | trató |
| | tratamos | tratasteis | trataron |
| 직과불: | trataba | tratabas | trataba |
| | tratábamos | tratabais | trataban |
| 직미: | trataré | tratarás | tratará |
| | trataremos | trataréis | tratarán |
| 직가: | trataría | tratarías | trataría |
| | trataríamos | trataríais | tratarían |
| 접현: | trate | trates | trate |
| | tratemos | tratéis | traten |
| 접과: | tratara | trataras | tratara |
| | tratáramos | tratarais | trataran |
| 과분/현분: | tratado / tratando | | |

▶ Trata la teoría en su tesis.

　◐ 그(녀)는 그 이론을 자신의 논문에서 다룬다.

**0291** **unir** 결합시키다, 통일하다

| | | | |
|---|---|---|---|
| 직현: | uno | unes | une |
| | unimos | unís | unen |
| 직과부: | uní | uniste | unió |
| | unimos | unisteis | unieron |
| 직과불: | unía | unías | unía |
| | uníamos | uníais | unían |
| 직미: | uniré | unirás | unirá |
| | uniremos | uniréis | unirán |
| 직가: | uniría | unirías | uniría |
| | uniríamos | uniríais | unirían |
| 접현: | una | unas | una |
| | unamos | unáis | unan |
| 접과: | uniera | unieras | uniera |
| | uniéramos | unierais | unieran |
| 과분/현분: | unido / uniendo | | |

▶ El rey unió los dos reinos.

◯ 그 왕은 두 왕국을 결합시켰다.

**0292** **usar** 사용하다, 이용하다

| 직현: | uso | usas | usa |
|---|---|---|---|
| | usamos | usáis | usan |
| 직과부: | usé | usaste | usó |
| | usamos | usasteis | usaron |
| 직과불: | usaba | usabas | usaba |
| | usábamos | usabais | usaban |
| 직미: | usaré | usarás | usará |
| | usaremos | usaréis | usarán |
| 직가: | usaría | usarías | usaría |
| | usaríamos | usaríais | usarían |
| 접현: | use | uses | use |
| | usemos | uséis | usen |
| 접과: | usara | usaras | usara |
| | usáramos | usarais | usaran |
| 과분/현분: | usado / usando | | |

▶ ¡ No uses el móvil!

  ◉ 휴대전화를 사용하지 마라!

**0293** **valer** 지키다, 보호하다

| 직현: | valgo | vales | vale |
|---|---|---|---|
| | valemos | valéis | valen |
| 직과부: | valí | valiste | valió |
| | valimos | valisteis | valieron |
| 직과불: | valía | valías | valía |
| | valíamos | valíais | valían |
| 직미: | valdré | valdrás | valdrá |
| | valdremos | valdréis | valdrán |
| 직가: | valdría | valdrías | valdría |
| | valdríamos | valdríais | valdrían |
| 접현: | valga | valgas | valga |
| | valgamos | valgáis | valgan |
| 접과: | valiera | valieras | valiera |
| | valiéramos | valierais | valieran |
| 과분/현분: | valido / valiendo | | |

▶ ¿Cuánto vale el anillo?

　◎ 이 반지는 얼마입니까?

## 0294 **vender** 팔다, 판매하다

| 직현: | vendo | vendes | vende |
|---|---|---|---|
| | vendemos | vendéis | venden |
| 직과부: | vendí | vendiste | vendió |
| | vendimos | vendisteis | vendieron |
| 직과불: | vendía | vendías | vendía |
| | vendíamos | vendíais | vendían |
| 직미: | venderé | venderás | venderá |
| | venderemos | venderéis | venderán |
| 직가: | vendería | venderías | vendería |
| | venderíamos | venderíais | venderían |
| 접현: | venda | vendas | venda |
| | vendamos | vendáis | vendan |
| 접과: | vendiera | vendieras | vendiera |
| | vendiéramos | vendierais | vendieran |

과분/현분: vendido / vendiendo

▶ Se venden muchas ropas en esta tienda.

  ◑ 이 가게에서는 많은 옷을 판다.

**0295** **venir** 오다, 가다

| 직현: | vengo | vienes | viene |
| --- | --- | --- | --- |
| | venimos | venís | vienen |
| 직과부: | vine | viniste | vino |
| | vinimos | vinisteis | vinieron |
| 직과불: | venía | venías | venía |
| | veníamos | veníais | venían |
| 직미: | vendré | vendrás | vendrá |
| | vendremos | vendréis | vendrán |
| 직가: | vendría | vendrías | vendría |
| | vendríamos | vendríais | vendrían |
| 접현: | venga | vengas | venga |
| | vengamos | vengáis | vengan |
| 접과: | viniera | vinieras | viniera |
| | viniéramos | vinierais | vinieran |
| 과분/현분: | venido / viniendo | | |

▶ Espero que ella venga a las siete.

   ◐ 난 그녀가 7시에 오기를 바란다.

## 0296 **ver** 보다, 알다; 만나다

| 직현: | veo | ves | ve |
| --- | --- | --- | --- |
| | vemos | veis | ven |
| 직과부: | vi | viste | vio |
| | vimos | visteis | vieron |
| 직과불: | veía | veías | veía |
| | veíamos | veíais | veían |
| 직미: | veré | verás | verá |
| | veremos | veréis | verán |
| 직가: | vería | verías | vería |
| | veríamos | veríais | verían |
| 접현: | vea | veas | vea |
| | veamos | veáis | vean |
| 접과: | viera | vieras | viera |
| | viéramos | vierais | vieran |

과분/현분: visto / viendo

▶ No veo el rumbo que debemos tomar.

　◯ 나는 우리가 가야하는 방향을 알지 못한다.

**0297** **viajar** 여행하다, 항해하다

| 직현: | viajo | viajas | viaja |
| | viajamos | viajáis | viajan |
| 직과부: | viajé | viajaste | viajó |
| | viajamos | viajasteis | viajaron |
| 직과불: | viajaba | viajabas | viajaba |
| | viajábamos | viajabais | viajaban |
| 직미: | viajaré | viajarás | viajará |
| | viajaremos | viajaréis | viajarán |
| 직가: | viajaría | viajarías | viajaría |
| | viajaríamos | viajaríais | viajarían |
| 접현: | viaje | viajes | viaje |
| | viajemos | viajéis | viajen |
| 접과: | viajara | viajaras | viajara |
| | viajáramos | viajarais | viajaran |

과분/현분: viajado / viajando

▶ Viajaba por los países de Europa.

◉ 유럽의 국가들을 여행했다.

## 0298 **visitar** 방문하다

| 직현: | visito | visitas | visita |
|---|---|---|---|
| | visitamos | visitáis | visitan |
| 직과부: | visité | visitaste | visitó |
| | visitamos | visitasteis | visitaron |
| 직과불: | visitaba | visitabas | visitaba |
| | visitábamos | visitabais | visitaban |
| 직미: | visitaré | visitarás | visitará |
| | visitaremos | visitaréis | visitarán |
| 직가: | visitaría | visitarías | visitaría |
| | visitaríamos | visitaríais | visitarían |
| 접현: | visite | visites | visite |
| | visitemos | visitéis | visiten |
| 접과: | visitara | visitaras | visitara |
| | visitáramos | visitarais | visitaran |

과분/현분: visitado / visitando

▶ ¿ Visitamos el Museo de Prado?

　◉ 우리가 쁘라도 박물관에 방문하나요?

### 0299 **Volar** 날다; 날리다

| 직현: | vuelo | vuelas | vuela |
| --- | --- | --- | --- |
| | volamos | voláis | vuelan |
| 직과부: | volé | volaste | voló |
| | volamos | volasteis | volaron |
| 직과불: | volaba | volabas | volaba |
| | volábamos | volabais | volaban |
| 직미: | volaré | volarás | volará |
| | volaremos | volaréis | volarán |
| 직가: | volaría | volarías | volaría |
| | volaríamos | volaríais | volarían |
| 접현: | vuele | vueles | vuele |
| | volemos | voléis | vuelen |
| 접과: | volara | volaras | volara |
| | voláramos | volarais | volaran |
| 과분/현분: | volado / volando | | |

▶ Las aves y los aviones vuelan.

　◎ 새와 비행기가 날아간다.

**0300** **Yacer** 누워있다

| 직현: | yazco | yaces | yace |
|---|---|---|---|
| | yacemos | yacéis | yacen |
| 직과부: | yací | yaciste | yació |
| | yacimos | yacisteis | yacieron |
| 직과불: | yacía | yacías | yacía |
| | yacíamos | yacíais | yacían |
| 직미: | yaceré | yacerás | yacerá |
| | yaceremos | yaceréis | yacerán |
| 직가: | yacería | yacerías | yacería |
| | yaceríamos | yaceríais | yacerían |
| 접현: | yazca | yazcas | yazca |
| | yazcamos | yazcáis | yazcan |
| 접과: | yaciera | yacieras | yaciera |
| | yaciéramos | yacierais | yacieran |

과분/현분: yacido / yaciendo

▶ Yacía en cama, murmurando en sueños.
   ◐ 잠꼬대를 하면서 침대에 누워있었다.